Autores:

PAUL DOROCHENKO
SERGIO NAVARRO
IRENE MOYA MATA
DANIEL PÉREZ GONZÁLEZ
JOSÉ MANUEL MUÑOZ FORTUÑ
MIGUEL PÉREZ BONÍAS

COORDINACIÓN Y EQUILIBRIO EN EL PÁDEL

WANCEULEN EDITORIAL

WANCEULEN EDITORIAL DEPORTIVA

Título: COORDINACIÓN Y EQUILIBRIO EN EL PÁDEL.

Autores: PAUL DOROCHENKO, SERGIO NAVARRO, IRENE MOYA MATA, DANIEL PÉREZ GONZÁLEZ, JOSÉ MANUEL MUÑOZ FORTUÑ Y MIGUEL PÉREZ BONÍAS

Editorial: WANCEULEN EDITORIAL
Sello Editorial: WANCEULEN EDITORIAL DEPORTIVA

Dirección web: www.wanceuleneditorial.com y www.wanceulen.com
Email: info@wanceuleneditorial.com

ISBN (Papel):   978-84-9993-629-1
ISBN (Ebook):   978-84-9993-630-7

©**Copyright:** WANCEULEN S.L.
Primera Edición: Año 2017
Impreso en España
WANCEULEN S.L. C/ Cristo del Desamparo y Abandono, 56   41006 Sevilla

A nuestros familias y seres querido, ellos son partícipes de nuestro esfuerzo

A Yolanda Ferrández Candela, luchadora incansable que día a día demuestra su fortaleza y utilizando sus palabras

"A veces hay que parar para poder seguir. No pierdas la paz"

A Eduardo, que en paz descanse eternamente y seguro que desde la estrella donde habita, al mirar hacia bajo se sentirá orgulloso del legado que ha dejado, su familia, su maravillosa familia.

Agradecer y dedicar este libro a Jim, del GRUPO JIM SPORT, por su incansable trabajo y su visión, en beneficio del deporte y la educación física ya que proporciona a todos los/as profesionales del sector los materiales que permiten un trabajo más óptimo facilitando la acción docente"

"Deje la estepa, cansado y aturdido;

pasto de la ansiedad, no hay otros mundos

pero si hay otros ojos, aguas tranquilas en las que fondear.

Mar antiguo, madre salvaje, de abrigo incierto que acuna el olivar

muge mi alma, confusa y triste;

ojos azules en los que naufragar.

Te he echado tanto de menos paria pequeña y fugaz;

que al llegar cruel del norte el huracán no se apague en tu puerto el hogar.

Mar antiguo, madre salvaje, en tus orillas de rodillas rezaré, tierra absurda que me hizo absurdo,

nostalgia de un futuro azul en el que anclar.

Triste y cansado, con los viejos amigos el vino y el cantar; mientras quede un olivo en el olivar

y una vela latina en el mar.

Viejos dioses olvidados mantenednos libres de todo mal.

Mar antiguo, dios salvaje de la encina y del gris olivar."

(Manolo García. Mar Antiguo)

Dedicada a Ana De Dios Castaño

Una mujer luchadora, constante, especial, con un toque sutil de magia, mezclada con personalidad, un aliño de ternura y alma de mar que, seguro concluye la más maravillosa de las óperas jamas escritas y que en sus labios poesía se convertirá.

ÍNDICE

PRÓLOGO

Es un honor y una enorme satisfacción para mí el hacer el prólogo de este libro, para apoyar así a este grupo de personas tan apasionadas y locas por el pádel, nuestro deporte, las cuales han dedicado una gran cantidad de trabajo, esfuerzo y tiempo, robado a sus quehaceres y familias, para que podamos disfrutar los demás de todo su saber y experiencia que nos regalan en estas páginas. Mi gratitud a todo el equipo que ha hecho posible este libro, una gran ayuda y aportación en la difusión y fomento de nuestro querido deporte, el pádel. Muchísimas gracias por vuestra estupenda labor y colaboración.

A los lectores y compañeros de afición, desearos que disfrutéis del pádel y de la lectura de este libro tanto como yo. Mi más cordial saludo a todos.

Alfredo Garbisu
Presidente
Federación Española de Pádel

INTRODUCCIÓN

Durante muchos años, las habilidades coordinativas no se han abordado de forma específica en las disciplinas deportivas, aunque se haya fundamentado que mediante la práctica se conseguía una mejora. Actualmente se ha comprobado que mediante el entrenamiento de la coordinación y del equilibrio se aumentan las posibilidades de éxito a la hora de realizar cualquier movimiento relacionado con el deporte que se pretenda practicar, en nuestro caso el pádel.

Es muy importante tener presente que no sólo la práctica de un determinado deporte nos aportará el trabajo de coordinación y equilibrio que éste requiere para conseguir los resultados esperados, ya que la modificación de una tarea motriz es algo complejo que hay que abordar con un trabajo específico para ello. Las tareas motrices que se realizan en el pádel son abiertas, según define Navarro (2014) el *"el pádel como deporte colectivo, de cooperación, colaboración y oposición, híbrido de red, cancha dividida y muro, que es acíclico, posee habilidades abiertas y que se juega con implemento y un móvil"*, con ello queremos hacer hincapié que el medio es cambiante, ya sea debido a las personas que nos rodean o a nuestra propia acción, la adaptación al propio entorno es vital y para tener una respuesta acertada a las situaciones cambiantes es necesario contar con una buena coordinación. No debemos olvidar que en los deportes que requieren de un control visual del móvil es imprescindible conocer, por ejemplo, velocidad del móvil, desplazamiento del móvil, vuelo de éste, etc., para facilitar la preparación del movimiento a realizar y cuanto más coordinado sea mayor probabilidad de éxito tendremos.

Conscientes de la importancia que tiene el equilibrio y la coordinación para el óptimo rendimiento en todos los deportes, nos vemos en la obligación de realizar un tratamiento específico de estos dos componentes, al ser la base de todo movimiento humano.

En el deporte del pádel, donde usamos un implemento (pala) y un móvil (bola), que puede rebotar en las paredes de la pista, resulta imprescindible para cualquier deportista relacionado con éste, conocer en profundidad el trabajo de la coordinación y el equilibrio para realizar una acción técnica de manera eficaz, las situaciones que se producen son constantemente cambiantes y es de suma importancia que la coordinación y el equilibrio nos permita adaptarnos a las nuevas situaciones que se van generando.

Para ello hemos realizado tres apartados: el primer apartado sobre la base teórica del aprendizaje motor, el segundo apartado sobre el análisis especifico de cada una de las habilidades coordinativas (coordinación y equilibrio), y un último apartado sobre cómo trabajar estas habilidades en el pádel, a partir de diferentes fichas, con 150 propuestas y variantes.

Con este libro pretendemos que cualquier persona que quiera profundizar en las habilidades coordinativas sepa qué son, cómo se aprenden y cómo pueden trabajarse.

CAPÍTULO 1
EL APRENDIZAJE MOTOR

Delimitaciones semánticas y características

Desde las acciones más sencillas que comienzan a realizar los niños como puede ser mantenerse en equilibrio o desplazarse, hasta los gestos técnicos más específicos que realizan los deportistas de élite en una competición, todas son fruto de un proceso de adquisición de habilidades, a partir de un aprendizaje sobre la motricidad de su propio cuerpo. Es lo que denominamos aprendizaje motor.

Aunque tradicionalmente se han identificado el "control motor" con el "aprendizaje motor" es necesario matizarlos, ya que mientras el "control motor" hace referencia a cómo se lleva a cabo el acto motor -los elementos que lo regulan-; el "aprendizaje motor" intenta explicar cómo el individuo es capaz de aprender -cuáles son los mecanismos que utiliza o los factores que influyen en el mismo-.

Son muchas las definiciones del término de aprendizaje motor, dependiendo del enfoque del cual se defina. En la vertiente conductista, donde el sujeto es un receptor pasivo que aprende a través de la repetición mecánica del movimiento, Lawther (1968) sería el máximo exponente, definiéndolo como un "cambio relativamente permanente de la conducta motriz de los alumnos, como consecuencia de la práctica y del entrenamiento".

En cambio, la vertiente cognitiva, en donde el sujeto es el protagonista de su proceso de aprendizaje, tiene su máximo representante en Schmidt (1982), definiéndolo como un "conjunto de procesos asociados con la práctica y la experiencia conducentes a cambios relativamente permanentes en la conducta hábil de los sujetos".

Quizás este enfoque sea más útil y adecuado con el proceso de enseñanza-aprendizaje, ya que se relaciona en mayor medida con los elementos que favorecen o perjudican la adquisición de aprendizajes.

En esta misma línea y ampliando el concepto de aprendizaje motor, Hernández Álvarez y López Crespo (1997) lo centran en "las ejecuciones motrices, como manifestación externa de lo cognitivo, social, afectivo y motriz de la personalidad (p. 57)".

De estas definiciones se desprenden una serie de características:

1. Es un **proceso**, en el cual el individuo al aprender sufre unos cambios en su conducta motriz, progresando en sus diferentes programas motores.

2. **Permanente**, ya que el cambio producido debe mantenerse en la memoria a largo plazo y no olvidarse.

3. **Debido a la práctica y la experiencia,** no sólo a la maduración del individuo o la propia casualidad.

4. **Positivo o negativo,** independientemente de que pueda originar una competencia o incompetencia motriz.

Por lo tanto, podemos decir que el aprendizaje motor es un proceso de cambio en el rendimiento específico, permanente en el tiempo, que tiene relación con la práctica y la experiencia motriz, independientemente del resultado positivo o negativo.

Principios fundamentales

Los principios fundamentales presentes en el aprendizaje motor, según Sánchez Bañuelos (1984) son:

Principio del ejercicio: la práctica permite una mejora a la hora de la ejecución y ésta permite que sea más permanente. Cuanto más se repite una y otra vez una ejecución, mayor posibilidad de que se adquiera una mayor habilidad. Hay mayor probabilidad de éxito motriz y además se da la circunstancia que ayuda a que nuestra memoria la retenga en el tiempo. No obstante, debemos apuntar que la repetición no mejora en sí el aprendizaje y son necesarios otros principios que fundamente éste.

Principio del refuerzo: se trata de reforzar la ejecución de manera positiva -cuando la ejecución es la correcta y aparece un estímulo que el alumno/a desea, como por ejemplo aplausos, palabras gratificantes, etc.- o por el contrario de manera negativa –evitando el estímulo gratificante que refuerza la ejecución correcta, como por ejemplo no decir nada después de una ejecución-. Es muy importante que el castigo, como principio de refuerzo, esté controlado y se sepa lo que se pretende con él.

Principio de la retención: como hemos apuntado anteriormente se produce un aprendizaje motor cuando la destreza puede ser repetida en tiempo posterior y esto implicaría que está almacenado en nuestra memoria. Debemos tener presente que a partir de ciertos límites cuantitativos, la aportación al aprendizaje no existe o es mínima, lo que se denomina sobreaprendizaje. No obstante apuntaremos que con éste se produce más retención en la memoria que sin él, por poco que sea. El problema radica en el tiempo empleado en éste y la posibilidad de utilizar dicho tiempo para otro aprendizaje que además puede reforzar el que aquí se pretende por cualquier mecanismo. Cuanto más profunda sea el conocimiento de la destreza más perdurará en el tiempo y cuanto más liviano será más propicio para el olvido de ésta. De esto se traduce que es importante a la hora de realizar las programaciones de los entrenamientos qué habilidad es la que queremos trabajar en función al pádel, así como el tiempo que emplearemos para ello para que se pueda producir un aprendizaje que permita ser retenido y aplicado posteriormente.

Principio de transferencia: cualquier destreza motriz vendrá determinada por otras actividades motrices que ya fueron aprendidas, es decir, nunca serán totalmente nuevas. No obstante, los aprendizajes previos pueden resultar favorables o desfavorables en el nuevo aprendizaje deseado. Este punto es de vital importancia a la hora de alumnos/as que han recibido clases por parte de monitores/as que no tienen los suficientes conocimientos en la materia, aunque tengan titulación federativa, ya que en muchos casos es inadecuada o insuficiente y esto produce una mecanización errónea. Por lo tanto, se puede hacer una transferencia positiva si la tarea, por su aprendizaje o ejecución, facilita o favorece el aprendizaje o la ejecución de otra, y una transferencia negativa, en la que interfiere en el aprendizaje o ejecución de otra tarea. Es muy significativo que alumnos/as que han practicado otros deportes con tareas motrices similares se adaptan antes al pádel, debido a la transferencia.

CAPÍTULO 2
MODELOS EXPLICATIVOS DEL APRENDIZAJE MOTOR

Para entender cómo se lleva a cabo el aprendizaje motor en los individuos es necesario conocer los principales modelos que se utilizan en la actualidad.

De manera resumida, siguiendo a Ruiz Pérez (1994) y Toro y Zarco (1998), podemos considerar los siguientes modelos:

- Modelos físicos.
- Modelos biológicos.
- Modelos psicológicos.

Modelos físicos

Los modelos físicos consideran al individuo como un conjunto de articulaciones y segmentos regidos por las leyes de la mecánica, la dinámica y la cinética.

Es el caso de la biomecánica, que estudia cómo la relación de determinadas proporciones, longitudes o pesos de los segmentos corporales favorece el aprendizaje.

La principal ventaja de estos modelos es que incluyen variables evaluables y medibles. En cambio, la principal desventaja es que no contemplan las relaciones del individuo con su entorno, como es el caso del ámbito cognitivo y emocional.

Modelos biológicos

Los modelos biológicos consideran al individuo en su vertiente biológica; destacando los aspectos anatómicos o estructurales, evolutivos y fisiológicos. Son los denominados modelos antropométricos, evolutivos y energéticos, respectivamente.

Los *modelos antropométricos o estructurales* se centran en las características anatómicas y estructurales de los individuos. Los *modelos evolutivos* explican los procesos de cambio y evolución motriz a través de la maduración o deterioro biológico del organismo. Y los *modelos energéticos* consideran al individuo como una fuente de energía, que a través de la actividad física se produce un desgaste energético.

Estos tres modelos ofrecen una visión parcial del aprendizaje al basarse casi exclusivamente, en el rendimiento.

Modelos psicológicos

Los modelos psicológicos se dividen en tres grupos: los modelos psicométricos, los modelos conductistas y los modelos cognitivos.

Los *modelos psicométricos* insisten en la importancia de las aptitudes psicomotrices básicas, para explicar las diferencias individuales en el aprendizaje y predecir el rendimiento. El investigador que más influencia ha tenido en este modelo ha sido Edwin A. Fleishman.

Los *modelos conductistas* centran su interés en las conductas externas de los individuos que se pueden observar directamente, así como en los mecanismos de asociación que los configuran. El modelo de condicionamiento clásico y el modelo de condicionamiento operante son las teorías principales de esta vertiente.

En el condicionamiento clásico, cuyo máximo representante es Paulov (1927), el aprendizaje de conductas se basa en un proceso adecuado de estímulos neutros, que pasan a ser estímulos condicionados.

En el condicionamiento operante, cuyo máximo representante es Skinner, el aprendizaje de conductas se basa en la asociación favorable y desfavorable de ciertas conductas que aparecen a partir de diferentes situaciones o elementos, actuando como refuerzo o castigo.

Los *modelos cognitivos* dan respuesta al papel que juegan los procesos mentales en el acto motor y al propio proceso de aprendizaje. La cibernética y el proceso de información son las teorías más importantes de este modelo.

La cibernética establece una asociación hombre-máquina en la cual a partir de la noción de feedback -evaluación de la ejecución o de los resultados-, introducen los conceptos de input -información de entrada- que recibe el individuo y de output -información de salida- emitida por el individuo. Las teorías más representativas son la de Adams (circuito cerrado) y la de Keele (programa motor). En la teoría de Adams se distingue dos fases en el proceso de aprendizaje de una tarea motriz: la fase verbal, en la cual el profesor da la información y el alumno la procesa, y la fase motriz en donde el alumno ejecuta el movimiento. En la teoría de Keele no se distinguen fases en el proceso de aprendizaje, por lo que el alumno ejecuta un movimiento determinado -"programa motor inicial"- y comprueba si le ha salido bien o mal. En el caso que le haya salido mal, el alumno crea otro movimiento denominado "programa adaptativo", tantas veces como sea necesario hasta que consiga el resultado esperado.

El procesamiento de la información, de Marteniuk (1976) y Welford (1969), parte de la teoría de la comunicación de Shannon y Weaver (1964), en donde se justifica el proceso de comunicación entre dos personas. En tal proceso interviene un emisor de información -que podría ser el monitor/a o entrenador/a-, un canal de transmisión del mensaje -que puede ser visual, verbal o mixto- y un receptor de información -que sería el alumno/a-.

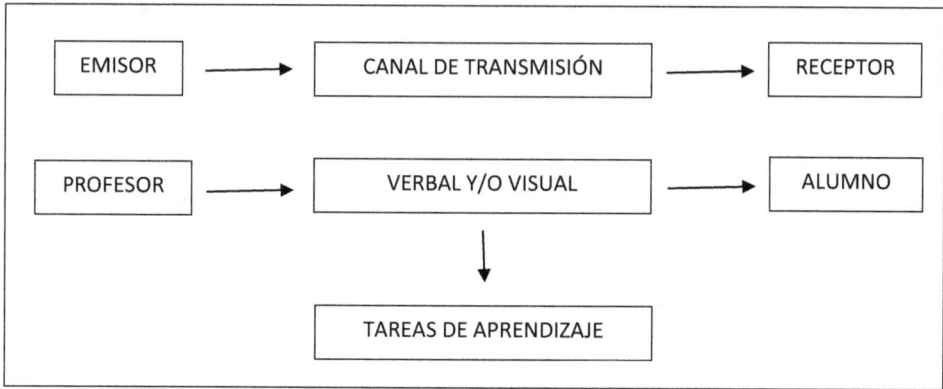

Figura 1. Proceso de comunicación, según Marteniuk (1976).

Dependiendo de la calidad de la información y de la emisión, y de la capacidad de captación y procesamiento de información del alumno, se realizará un mejor o peor aprendizaje, teniendo en cuenta otros factores que más adelante detallamos.

El proceso por el que un individuo ejecuta una tarea motriz está basado en el siguiente esquema:

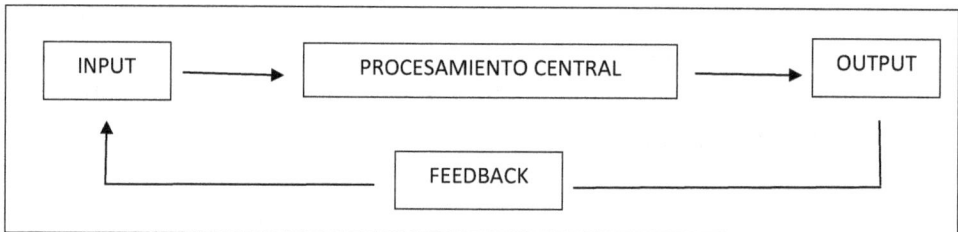

Figura 2. Proceso de ejecución de una tarea motriz.

CAPÍTULO 3
FASES DEL PROCESO DE ENSEÑANZA Y APRENDIZAJE MOTOR

Varios son los autores que han descrito las fases principales en el proceso de enseñanza y aprendizaje motor, coincidiendo en tres momentos esenciales en todos ellos: fase de planificación, fase de acción y fase de evaluación.

Fase de planificación

Es la fase cognoscitiva e inicial del proceso de enseñanza y aprendizaje motor, previa a la acción motriz. En esta fase es muy importante que el monitor planifique correctamente los contenidos que desea trabajar y ofrezca una información clara y concisa, adaptada al nivel previo del alumnado, centrada en los aciertos y que suponga un reto para éste.

En esta fase se da mayor protagonismo al entrenador, ya que la consecución de los objetivos dependerá de cómo organice y transmita los contenidos elegidos, sin obviar al alumno/a, como principal agente del proceso de aprendizaje.

CARACTERÍSTICAS DE LA FASE DE PLANIFICACIÓN

Aprendizajes de movimientos nuevos para el alumno/a.

Comprensión por parte del alumno/a de la tarea a realizar.

Conocimiento del objetivo de la tarea a realizar.

Conocimiento de todos los movimientos necesarios a realizar.

Conocimiento de la estrategia necesaria para realizar la tarea.

Torpeza del alumno/a n la realización en esta fase.

Intento de construcción de una ejecución sin ningún mapa cognitivo.

Errores de captación y comprensión y estos pueden acarrear una errónea representación de la tarea motriz a realizar.

Duración indeterminada de esta fase al depender de las experiencias anteriores de los alumnos/as, aptitudes, complejidad de la tarea motriz y de la frecuencia con la que se practique.

El monitor/a plantea los objetivos a conseguir, pone a disposición del alumno/a la dificultad del entorno que envuelve a la tarea.

El monitor/a informa de la actuación del alumno/a, tanto errores como aciertos, feedback inmediato y aumentado.

Fase de acción

La duración de esta fase es variable, como ocurre con la fase anterior, siendo determinante la acción didáctica del profesor.

En esta fase, el alumno/a realiza la ejecución motriz correspondiente.

La función del monitor/a se centra en seleccionar y estructurar la práctica, determinando qué elementos son importantes para actuar de manera efectiva, proveyendo de información en los momentos adecuados, diagnosticando cuáles son los errores, poniéndolos en conocimiento del alumno/a y prescribiendo las soluciones necesarias.

Un aspecto muy importante en esta fase es el feedback de la acción motriz ejecutada; tanto el interno, a través de los órganos sensoriales como el externo, proveniente del monitor/a y de los diferentes elementos que configuran la acción motriz.

Sin obviar la autorregulación de dicha acción motriz por parte del alumno/a, que debe ser capaz de orientar su propio proceso de aprendizaje desligándose cada vez más, del papel orientativo y facilitador del monitor/a o entrenador/a.

CARACTERÍSTICAS DE LA FASE DE ACCIÓN
Refinamiento de la motricidad.
Desaparición de los errores de la fase anterior.
Especial atención en esta fase a las experiencias anteriores del alumno/a que puedan ser entorpecer la tarea motriz.
Duración indeterminada de la fase, atiende al mismo criterio de la anterior.
El monitor/a propone las condiciones para la práctica de la tarea.
El monitor/a debe ser motivante.
Práctica con descansos frecuentes, que facilita la eficacia en el aprendizaje.
Identificación de si las habilidades son independientes entre sí o debe haber una coordinación entre las partes que componen la tarea.
Esta identificación hará posible la decisión por parte del entrenador/a de realizar un trabajo por separado de las partes o por el contrario, de forma global e integradora de las partes.

Fase de evaluación

También denominada fase de reflexión por otros autores, corresponde con el proceso de valoración de la acción motriz.

Para ello, el monitor/a o entrenador/a debe reflexionar sobre la ejecución y corregir aquellos aspectos que no se hayan realizado correctamente hasta consolidarlos.

En esta fase, es muy importante la formación previa y de la motivación que posea el monitor/a o entrenador/a, para intervenir en el proceso de aprendizaje motor.

CARACTERÍSTICAS DE LA FASE DE EVALUACIÓN

La fase de atención consciente es menor que en las anteriores, se van mecanizando y así se puede atender las circunstancias del medio.

Se produce una sincronización de los diferentes componentes de la tarea y esto da lugar a una automatización.

Organización de la tarea más eficaz.

A la hora de realizar la tarea motriz puede darse la circunstancia que la falta de motivación, entre otras, que aparece en el sujeto o por las relacionadas con el entrenador/a den lugar a que los posibles resultados de la tarea no sean los esperados, aunque se domine dicha ésta.

CAPÍTULO 4
PRINCIPALES MECANISMOS DE LA ACCIÓN MOTRIZ

Los principales mecanismos que intervienen en el proceso de enseñanza y aprendizaje de la acción motriz, según Sánchez Bañuelos (1989) son:

- Mecanismo perceptivo.
- Mecanismo de decisión.
- Mecanismo de ejecución.
- Mecanismo de control.

Mecanismo perceptivo

A través de este mecanismo, el sujeto percibe la información que proviene del entorno. Los canales perceptivos utilizados para percibir la situación del exterior o entorno provienen de las estructuras periféricas del sistema nervioso y que forman las entradas sensoriales: auditivas, propioceptivas, visuales, táctiles y olfativas.

Cuantas más experiencias previas tenga el alumno/a, mejor interpretará los estímulos, ya que los datos se comparan con las experiencias anteriores en los casos similares que se almacenan en la memoria.

Por lo tanto, se tendrá una mejor respuesta motriz si se tiene una experiencia a tal efecto y ésta se utiliza de forma selectiva. Diferenciando entre la *atención selectiva* -capacidad de localizar la atención sobre ciertos aspectos del entorno de forma preferente- y el *filtraje selectivo* -mecanismo que atiende a la selección en cuestión-.

Mecanismo de decisión

Es el mecanismo por el cual es sistema nervioso central traduce la información que nos llega y el alumno/a escoge la decisión más eficiente, produciéndose una imagen mental de la respuesta motriz a ejecutar.

Mecanismo de ejecución

Una vez analizado el entorno y elegida la acción a realizar, a través de este mecanismo se ejecuta la respuesta motriz mediante las órdenes que se envían a los músculos.

Mecanismo de control

Este mecanismo comprueba si la respuesta motriz ha sido la esperada. Se produce un feedback que ayuda a mejorar la ejecución motriz, ya que nos permite conocer el resultado en la ejecución.

En resumen, los mecanismos que intervienen de forma secuencial en la ejecución de cualquier tarea motriz son:

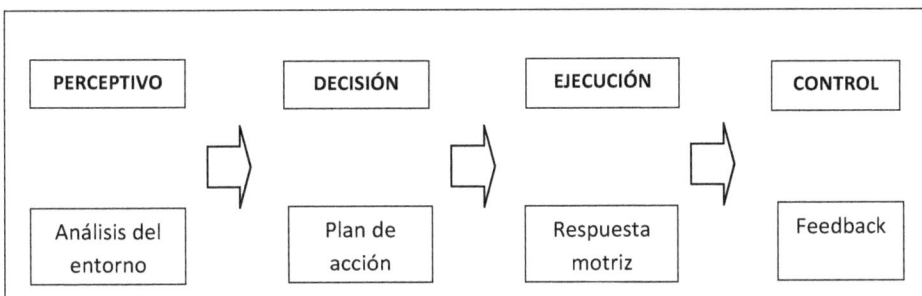

Figura 3. Mecanismos que intervienen en la ejecución de una tarea motriz.

A efectos de enseñanza, es importante resaltar que aunque en toda tarea motriz intervienen los cuatro mecanismos -como hemos visto anteriormente-, no siempre lo hacen en igual medida.

CAPÍTULO 5
FACTORES QUE INTERVIENEN EN EL APRENDIZAJE MOTOR

Los factores que intervienen y median en el proceso de aprendizaje motor se pueden agrupar en función de dos tipos: las características del alumno/a y el proceso de enseñanza.

En función de las características del alumno/a

En función de las características del alumno/a, los factores que intervienen son:

1. *Sexo:* Debemos tener presente que el sexo femenino madura antes que el masculino. Aunque este factor no es determinante en el aprendizaje, sí lo debemos tener presente sobre todo en edades tempranas.

2. *Experiencias previas:* en función de los patrones básicos de movimiento que tenga adquiridos el sujeto previamente, el aprendizaje motor será más rápido.

3. *Factores de estructura:* las aptitudes innatas (estructura, biotipo, etc.) así como otros elementos físicos (fuerza, resistencia, etc.) facilitarán o dificultarán determinadas tareas motrices.

4. *Factores cognitivos:* aunque no es determinante, la capacidad mental puede afectar en la capacidad de aprendizaje. Debemos tener presente que la memoria incide en la decisión y determina el aprendizaje motor.

5. *Factores psicológicos:* como por ejemplo la motivación, es de vital importancia.

En función del proceso de enseñanza

En función del proceso de enseñanza, los factores que intervienen son:

➢ *Instrucciones teóricas, comentarios y consejos:* aumenta la eficacia y se minimiza el tiempo del aprendizaje, si realizamos repeticiones debemos informar sobre la tarea, esto ayuda en el proceso.

➢ *Resultados:* el alumno/a debe tener los resultados de la tarea motriz que está realizando, sobre todo en la primera fase del aprendizaje. Ésta puede venir por medio del entrenador/a, por soportes tecnológicos, etc.

➢ *Motivación:* cuando existe una motivación sobre una tarea, mayor predisposición del alumno/a para el aprendizaje, favoreciendo los resultados esperados.

➢ *Organización de los ejercicios:* es recomendable que la atención se focalice en periodos cortos y con esfuerzos intensos.

➢ *Aprendizaje global y fraccionado:* en función del tipo de tareas que se pretende enseñar y la dificultad que presente. Así, para tareas simples utilizaremos un aprendizaje global y fraccionado para tareas más complejas. Algunos autores como Knapp o Bañuelos introducen en sus planteamientos el aprendizaje mixto, en donde se presenta la tarea globalmente y si existen partes que entrañan dificultad lo abordan analíticamente para después insertarlo en la tarea íntegra.

➢ *Aproximación a situaciones reales:* debemos intentar progresar tanto en la precisión y la velocidad, atendiendo a las condiciones reales.

➢ *Factores ambientales:* es importante donde se realiza la tarea motriz ya que ésta puede influir en el aprendizaje. Como por ejemplo las instalaciones, la luminosidad, etc.

➢ *Factores socio-culturales:* por ejemplo en el caso de los deportes, que variarán en importancia geográficamente y culturalmente.

> ➢ *Actuación del entrenador/a:* en función de cómo realice su actuación condicionará la enseñanza-aprendizaje del alumno/a, así como de la metodología utilizada y las habilidades psicológicas, entre otros factores.

CAPÍTULO 6
LAS HABILIDADES Y DESTREZAS BASICAS

Clasificación de las habilidades según autores

Analizando la bibliografía existente sobre coordinación y equilibrio, encontramos un cierto confusionismo terminológico, ya que para algunos autores son conductas, mientras que para otros son capacidades.

Entre las clasificaciones encontradas destacamos las de Castañer y Camerino, Le Boulch, Ulrich Jonath y Jordi Porta, por ser las más importantes; destacando en negrita la capacidad o conducta en la cual clasifican la coordinación y el equilibrio dichos autores:

Según Castañer y Camerino (1993):

- Capacidades físicas o físico-motrices.
- **Capacidades perceptivo-motrices.**
- Capacidades sociomotrices.

Según Le Boulch (1995):

- Conductas neuromotrices.
- Conductas perceptivo-motrices.
- **Conductas motrices de base.**

Según Ulrich Jonath (1996):

- Capacidades básicas.
- **Capacidades complementarias.**
- Capacidades derivadas.

Según Jordi Porta (1988), dentro de las capacidades motrices:

- Capacidades físico-motrices.
- **Capacidades perceptivo-motrices.**
- Capacidades resultantes.

De igual modo, para algunos autores, la coordinación y equilibrio son el soporte de las llamadas Habilidades y Destrezas Básicas; mientras que para otros son éstas últimas, la base para tener una buena coordinación y equilibrio.

Entendiéndolo de una u otra forma, lo que es aceptado por todos los teóricos es que tanto la coordinación como el equilibrio no pueden separarse de las Habilidades y Destrezas Básicas.

Por todo lo expuesto con anterioridad vamos a detenernos en qué son las Habilidades y Destrezas Básicas para su comprensión y cómo puede contribuir la coordinación y el equilibrio en la mejora de la tarea motriz en referencia al pádel.

Delimitaciones semánticas

Como punto de partida debemos apuntar que tanto la Habilidades y Destrezas Básicas tienen su origen en las corrientes del Aprendizaje Motor Americanas. Atendiendo a la bibliografía especializada en la materia, nos encontramos con diferencias a la hora de la utilización de dichas expresiones.

Autores como Bárbara Knapp o José María Cagigal utilizan el término HABILIDAD en sus escritos, Pila Teleña o Morehouse utilizan el término DESTREZA, Bañuelos o Lewin utilizan ambos términos pero con algunas matizaciones al respecto y por último Lawther utiliza de forma indistinta estos términos. Lo que pone de manifiesto que no hay una unanimidad al respecto de los estudiosos de la materia.

Después de haber analizado a estos autores, se desprenden algunos matices a la hora de conceptualizar estos términos:

- CAPACIDAD: es una habilidad, condición, cualidad o aptitud para realizar un acto físico, ya sea innato o aprendido.

- HABILIDAD MOTRIZ: hace referencia a lo que se hace, por ejemplo lanzar una pelota. Movimiento global del cuerpo que puede deberse a un carácter natural o innato.

- DESTREZA: aunque es difícil separarlo de la palabra "HABILIDAD" ya que suelen aparecer juntos, algunos autores lo utilizan en referencia a movimientos más finos y que se han aprendido y más concretamente hacen referencia a todo lo que tenga que ver con manipulación de objetos que en referencia a la motricidad.

Para Singer (1986), la HABILIDAD MOTRIZ BÁSICA *"es toda aquella acción muscular o movimiento del cuerpo, requerido para la ejecución con éxito de un acto deseado"*

Si realizamos una síntesis de autores, encontramos que la mayoría de ellos enumeran éstas en desplazamientos, saltos, giros, lanzamientos y recepciones. Otros autores incluyen también los equilibrios o equilibraciones dentro de éstas. No obstante, vamos a incluir todas ellas.

Por otro lado, entendemos que la DESTREZA MOTRIZ, forma parte de la Habilidad motriz de una u otra forma, tanto por su utilización semántica como por las implicaciones anteriormente citadas y entenderemos ésta como toda aquella actividad de manipulación de la forma más eficiente en términos de precisión de objetos.

Clasificación de las habilidades básicas

Si analizamos las definiciones de habilidades motrices se desprenden una serie de connotaciones:

- Toda acción tiene un objetivo que es el que se pretende conseguir, es decir, tiene una finalidad.

- Cada movimiento tiene una coordinación específica para ese movimiento, se estructura y organiza.

- Se busca la optimización, la eficacia, precisión en los movimientos utilizando el menor gasto energético tanto físico como psicológico.

◎ La necesidad de aprendizaje, los movimientos deben ser aprendidos atendiendo a todos los condicionantes que hemos apuntado en apartados anteriores.

Tomando como referencia a Sánchez Bañuelos (1986), las habilidades y destrezas las podemos clasificar en:

A. HABILIDADES PERCEPTIVAS. Son tareas motrices que podríamos denominar como habituales y que responden a la necesidad de satisfacer las necesidades de las personas. Entre ellas nos encontramos:

- *Locomotoras:* como por ejemplo caminar.
- *Manipulativas:* como por ejemplo levantar, tirar.
- *Propioceptivas:* como por ejemplo sentarse, incorporarse.

B. HABILIDADES Y DESTREZAS BÁSICAS. Como hemos apuntado anteriormente son:

- Desplazamientos.
- Giros.
- Saltos.
- Lanzamientos.
- Recepciones.
- Equilibrios (según algunos autores).

C. HABILIDADES MOTRICES ESPECÍFICAS Y DE ESPECIALIZACIÓN. Son el proceso de refinamiento y de especialización de una determinada habilidad o destreza motriz.

Por lo que a nosotros respecta, como profesionales del pádel, nos interesa el trabajo prioritariamente de las HABILIDADES Y DESTREZAS BÁSICAS para después implementarlas de forma eficiente al pádel y dar paso al trabajo de las HABILIDADES MOTRICES ESPECÍFICAS, como ejemplo podríamos poner los "pasos de ajuste", tan necesarios en pádel y que serán determinantes a la hora de desplazarnos por la pista en determinadas situaciones del juego.

Clasificación de las tareas motrices

Para Famose (1984), la tarea motriz es entendida como *"una actividad determinada y obligatoria, expuesta desde el exterior (por el profesor) o desde el interior (por el mismo ejecutante), a través de cuya ejecución pretendemos el desarrollo de las habilidades y destrezas motrices".*

Por lo tanto, debemos entender por tarea motriz las actuaciones necesarias que una persona realiza para que se produzca un movimiento en concreto y que se puede observar.

Por ejemplo, desplazarse es una habilidad y las actividades que se realizan para que esta ejecución sea correcta y eficiente serían las tareas motrices. Todas las necesarias para que esto se pueda dar.

Las tareas motrices las podemos clasificar desde diferentes puntos de vista. En nuestro caso las vamos a clasificar según la interrelación de los mecanismos que intervienen en la ejecución motriz y que hemos expuesto anteriormente: mecanismos de percepción, decisión y ejecución.

A. MECANISMO DE PERCEPCIÓN. Se refiere a la información que necesitamos para un posterior desarrollo de la acción motriz a realizar.

a.1. Atendiendo al entorno y sus cambiantes condiciones, Knapp (1981):

o Predominantemente HABITUALES O CERRADAS: las condiciones del entorno son estables (halterofilia).

o Predominantemente PERCEPTIVAS O ABIERTAS: las condiciones del entorno son cambiantes, bien por el ejecutante o por la acción de otros (pádel).

a.2. Atendiendo a la movilización de objetos, Fitts (1982):

o Persona y objetos inicialmente estáticos.

o Persona estática y objeto en movimiento.

o Persona en movimiento y objeto estático.

o Persona y objeto en movimiento.

a.3. Atendiendo al nivel y tipo de estimulación perceptiva, Billing (1980):

o Nº de estímulos necesarios.

o Nº de estímulos presentes.

o Intensidad de los estímulos.

o Duración y velocidad de los estímulos.

o Estímulo confuso.

a.4. Atendiendo al desarrollo de la atención selectiva, Arend (1980):

"Para desarrollar esta atención en el alumno, el profesor le hará familiarizarse con las peculiaridades perceptivas de la tarea mediante una observación sistemática, previa a su ejecución".

B. MECANISMO DE DECISIÓN

Como profesionales del pádel, debemos enfocar el aprendizaje de tareas motrices que irán encaminadas a desarrollar la capacidad de elaborar y seleccionar las respuestas de cómo actuar en cada momento.

Siguiendo la línea de Sánchez Bañuelos (1986), los factores a tener en cuenta en el mecanismo de decisión y de los cuales va a depender la efectividad de la tarea motriz son:

o Nº de decisiones que es necesario tomar.

o Nº de respuestas alternativas.

o Tiempo requerido para la toma de decisiones.

o Nivel de incertidumbre.

o Nivel de riesgo.

o Orden secuencial de decisiones.

o Número de elementos a recordar.

C. MECANISMO DE EJECUCIÓN

Es el encargado de la ejecución correcta, es la respuesta motora que se ha decidido.

Debemos tener presente que las tareas, en nuestro trabajo de enseñanza-aprendizaje en el pádel, tendrán dos aspectos a la hora de presentación de las tareas motrices a realizar, uno cualitativo y otro cuantitativo.

c.1. Aspecto cualitativo: en referencia al nivel de coordinación neuromuscular que se necesita para dicha tarea. Cuanto mayor es el nivel de coordinación de una tarea, mayor es su complejidad y por ende su dificultad a la hora del aprendizaje.

Para definir el grado de coordinación neuromuscular necesaria atendiendo a su dificultad nos apoyaremos en los planteamientos de Sánchez Bañuelos (1986) y que son:

o Número de grupos musculares implicados: cuanto mayor es el número de grupos musculares mayor complejidad en la ejecución.

o Estructura del movimiento: menor complejidad cuando la estructura del movimiento sea más simple.

c.2. Aspecto cuantitativo: en referencia a las capacidades físicas básicas (velocidad, resistencia, fuerza y flexibilidad). Cuando éstas sean de mayor exigencia en la ejecución de una tarea, el grado de complejidad será mayor.

Para que nos podamos hacer una idea de las características así como de la posibilidad de clasificar las habilidades motrices de forma más visual, vamos a tomar a partir del trabajo de Billing (Singer, 1986), teniendo este en consideración y en dónde resume la influencia que tienen las distintas variables sobre los mecanismos de habilidades motrices.

Tabla 1. Dificultades de las tareas motrices según Billing (citado por Singer, 1986)

PERCEPCIÓN	DECISIÓN	ACTO MOTOR	FEEDBACK
Nº estímulos necesarios	Nº decisiones necesarias	Nº de músculos en acción	Cantidad-calidad
Nº estímulos presentes	Nº de alternativas por decisión	Volumen de coordinación de las acciones	Intensidad
Duración estímulos	Rapidez de decisión	Velocidad-potencia necesaria	Tiempo (inmediato-demorado)
Intensidad estímulos	Secuencia de las decisiones	Precisión requerida	Información antagónica
Estímulos conflictivos	Nº de partidas necesarias de la memoria	¿Otros?	Número de sentidos involucrados

Como se puede observar en la tabla, las dificultades motrices las podemos encontrar en función de los diferentes mecanismos.

Si atendemos al mecanismo de la **Percepción**, teniendo en cuenta la complejidad, ésta puede variar según:

- Número de estímulos. Cuanto mayor es el número de estímulos que debemos tener en cuenta, mayor será la dificultad (altura de la red, adversarios, etc.).

- Durabilidad del estímulo así como su velocidad (velocidades de la pelota, etc.).

- Persistencia e intensidad de los estímulos a tener en cuenta (iluminación de la pista, color de la pelota, etc.).

- Confusiones que puedan aparecer de los estímulos (movimientos de engaño de los jugadores, posicionamiento del cuerpo no adecuado al golpe realizado, etc.).

Si atendemos al mecanismo de **Decisión**, la complejidad de este mecanismo vendrá determinada por:

- Número de decisiones. A mayor número de decisiones mayor complejidad.

- El tiempo de decisión. Cuanto menor sea el tiempo de decisión, aumenta la complejidad.

- Número de alternativas. Si el número de posibles alternativas aumenta por decisión, aumenta la complejidad.

- Orden en la toma de decisiones. Si hay un orden concreto en la toma de decisiones y ésta afecta a las siguientes respuestas se produce un aumento de dificultad, ya que se deriva que de la toma de ésta primera afectará a las siguientes.

Si atendemos al mecanismo del **Acto Motor**, a mayor número de músculos que intervienen para realizar el movimiento en concreto, más complejo es el acto motor.

Y por último, si atendemos al **feedback**, a menor cantidad, calidad y precisión del feedback, la complejidad aumenta.

CAPÍTULO 7
LA COORDINACIÓN

Definición

Existen muchas definiciones que intentan aclarar el significado de la coordinación, pero en realidad estamos ante algo muy complejo, ya que en la práctica se implican numerosos factores. Las definiciones varían en función del enfoque del que provenga su autor (psicología, biomecánica, etc.).

Desde un marco educativo, Álvarez del Villar (1987) define la coordinación como *"la habilidad que tiene el cuerpo, o una parte de él, para desarrollar en secuencia armónica, ordenada y eficaz, un gesto o un acto determinado bajo control cerebral".*

Otros autores definen la coordinación como:

- Le Boulch (1992): *"es un dominio global del cuerpo, un ajuste dinámico continuo a lo cercano o al medio".*

- Castañer y Camerino (1991): *"es la capacidad de regular de forma precisa la intervención del propio cuerpo en la ejecución de la acción justa y necesaria según la idea motriz prefijada".*

- *Jiménez y Jiménez (2002)*: es aquella capacidad del cuerpo para aunar el trabajo de diversos músculos, con la intención de realizar unas determinadas acciones

En definitiva, la coordinación es la capacidad que permite la ejecución de cualquier actividad de forma controlada, con un máximo de eficacia e intencionalidad. Es la pieza fundamental en cualquier de los movimientos humanos. La coordinación permite que el resto de capacidades motoras básicas (fuerza, resistencia, agilidad y velocidad), se utilicen de una forma correcta, maximizando el rendimiento motor y con ello del rendimiento deportivo.

¿Por qué es tan importante la coordinación?

La coordinación es uno de los factores responsables de proporcionar calidad al movimiento mediante precisión (en la velocidad y en la dirección), eficacia (en los resultados intermedios y finales), economía (en la utilización de la energía nerviosa y muscular requeridas) y armonía (complementariedad de los estados de contracción y descontracción utilizados).

Por lo tanto podemos afirmar que cuando mejoramos la coordinación nuestros movimientos necesitan de un menor gasto energético para realizarlos y por ello podemos tener un mayor rendimiento físico a la hora de ejecutar éstos, la fuerza necesaria para ello es menor porque optimizaremos nuestro rendimiento y como consecuencia la aparición del cansancio se retarda.

En resumen, la coordinación es la base de todo movimiento y por ello una buena coordinación es vital para la práctica del pádel.

El objetivo principal del trabajo de la coordinación es **AUMENTAR EL RENDIMIENTO MOTOR**, ya que permite que el deportista aprenda, organice, regule, adapte y ejecute los movimientos de una manera eficaz, precisa y con el menor esfuerzo para ello.

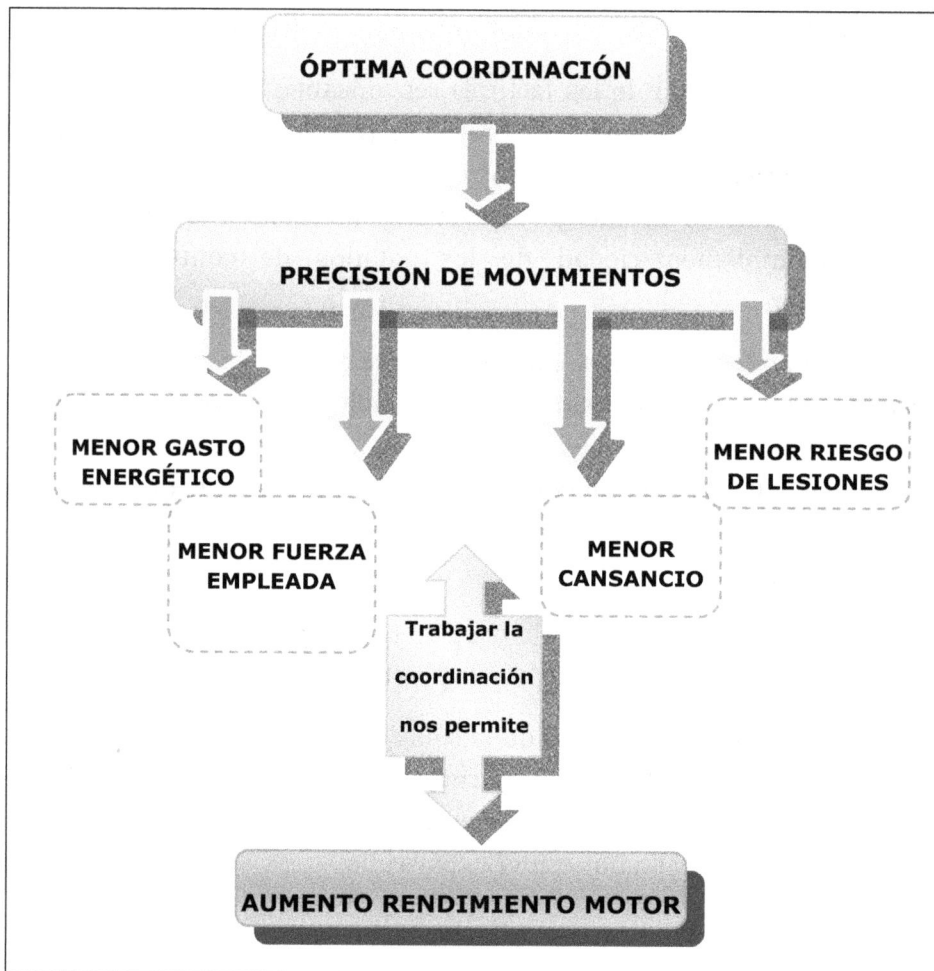

Figura 4. Aspectos necesarios para una óptima coordinación.

Además el trabajo de la coordinación nos va a permitir:

- Que se puedan aprender nuevos movimientos.
- Que regulemos los movimientos para determinadas necesidades.
- Y que adaptemos movimientos.

La coordinación es determinante para el trabajo de la condición física de los deportistas, incide directamente en el trabajo de las capacidades físicas básicas (fuerza, resistencia, velocidad y flexibilidad).

Una buena coordinación puede contribuir a que nuestra condición física sea mejor y que el trabajo de las capacidades físicas básicas sea más óptimo, como hemos apuntado anteriormente. Por ejemplo, en el pádel, el trabajo de piernas es fundamental: acciones que requieren una aceleración corta, rápida, con constantes variaciones en las direcciones, etc. requiere una fuerza importante del tren inferior y por ello una buena optimización de cada uno de los músculos, tanto a nivel de la coordinación intramuscular e intermuscular.

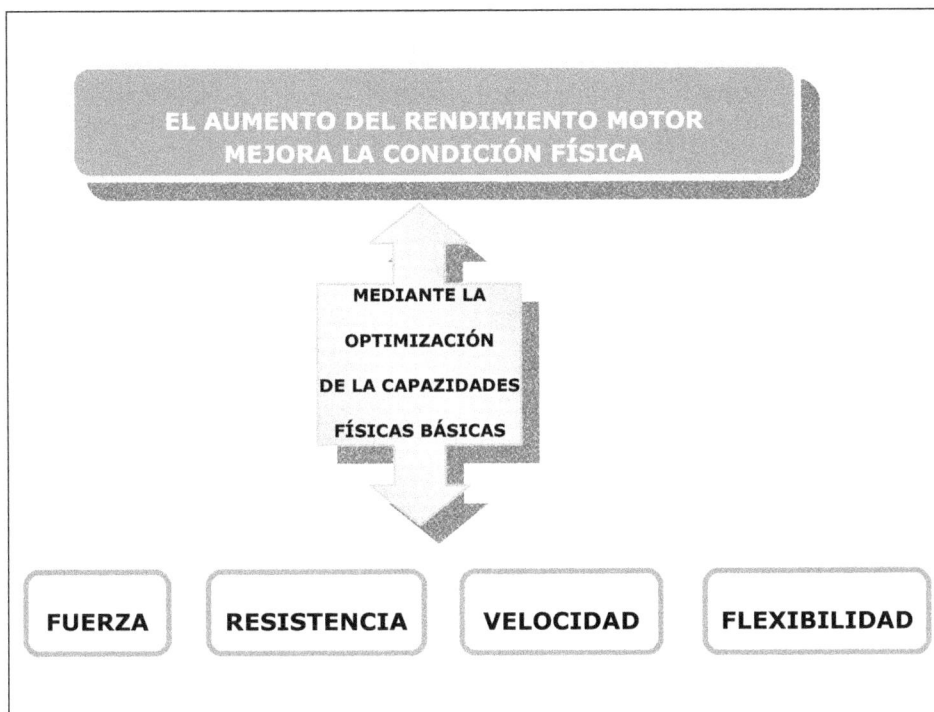

Figura 5. Relación de las capacidades físicas básicas y la coordinación.

La relación existente entre la coordinación y las cualidades físicas básicas es innegable. Una buena coordinación hará que se requiera la utilización de una menor fuerza para ejecutar el movimiento.

En relación con la resistencia, la coordinación hará que disminuya la fatiga ya que cuanto más coordinado sea el movimiento a realizar, menor gasto energético. Atendiendo a la velocidad debemos apuntar que es inherente para la capacidad de reacción, de la que hablaremos más abajo. Y por último, una buena coordinación incidirá en la flexibilidad debido a la amplitud de movimiento que ésta proporciona.

Estas serían algunos de los aportes de la coordinación a las capacidades físicas básica. Para Hirtz y col. (1972), la relación de las capacidades físicas básicas con la coordinación se puede resumir en el siguiente esquema:

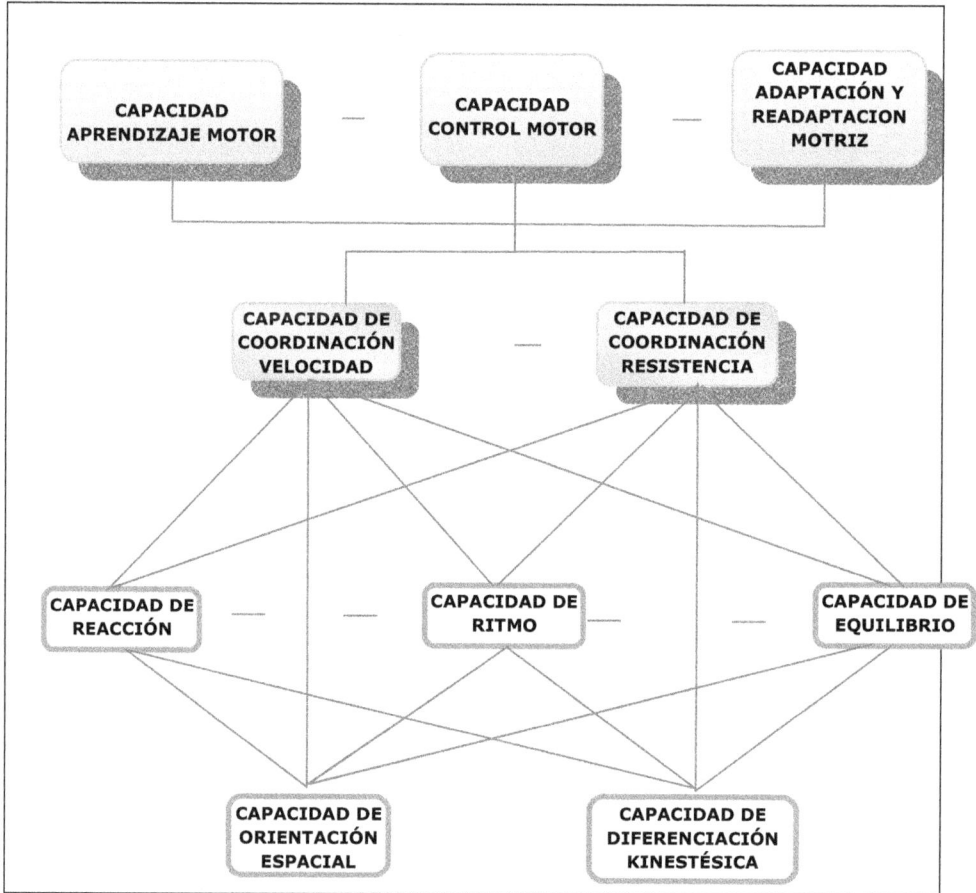

Figura 6. Relación de las capacidades físicas con la coordinación (Hirtz y col., 1972).

La coordinación se incluye dentro de las denominadas **capacidades coordinativas**, entre las que se encuentran:

a. *Capacidad de dirección:* es la capacidad que teniendo en cuenta los estímulos e informaciones del exterior valora estas para dar una respuesta adecuada y que se traducirá en movimiento. Dentro de la bibliografía existente, hay autores que apuntan que dentro de ésta se encuentran otras capacidades, mientras que otros autores directamente las enuncian como capacidades independientes. No obstante las vamos a incluir dentro de esta capacidad y son:

a.1. Capacidad de acoplamiento/combinación de movimientos. Es la capacidad para organizar habilidades motoras que se han interiorizado y automatizado.

a.2. Capacidad de orientación espacio-temporal. Es la modificación del cuerpo atendiendo al espacio y a un tiempo determinado.

b. *Capacidad de ritmo:* capacidad de utilización de la habilidad motriz siguiendo un ritmo que está interiorizado o capacidad de reproducir un ritmo impuesto desde el exterior.

c. *Capacidad de discriminación:* es la capacidad que, atendiendo a los impulsos que nos llegan, los valora o diferencia para que se produzca una transformación de éstos además de una emisión de órdenes para producir o realizar una acción.

d. *Capacidad de equilibrio:* es la capacidad de poder mantener la posición del cuerpo o cualquiera de sus partes, en contra de la gravedad. Esta puede ser tanto con el cuerpo o cualquier parte de éste de forma estática o en movimiento y en atención a una inercia del movimiento a un centro de gravedad y a una base de sustentación.

e. *Capacidad de reacción:* es la capacidad que permite la modificación de una situación en el menor tiempo posible y de la forma más eficaz.

Hay otros autores como Häfelinger y Shuba (2010) que nos hablan de otro tipo de capacidades que citamos literalmente, entre las que destacan:

- CAPACIDAD DE DIFERENCIACIÓN. *"El término designa la capacidad de ejecutar una secuencia motora de forma segura, exacta y económica, en relación a la posición y la dirección de movimiento de una de las partes del cuerpo respecto a las otras y a su entorno."*

- CAPACIDAD DE ANTICIPACIÓN. *"La capacidad de anticipación es la posibilidad de prevenir posibles situaciones futuras, de adaptarse previamente a ellas y de prevenir mentalmente la modificación necesaria de las secuencias motoras."*

- CAPACIDAD DE ADAPTACIÓN. *"Designa la capacidad de adaptarse de forma rápida y segura a nuevas situaciones mediante diversos actos, o modificando nuestras actuaciones en correspondencia."*

Las capacidades coordinativas pueden agruparse en dos grandes grupos:

A. CAPACIDADES DE CONTROL: como la capacidad de dirección, la capacidad de discriminación y la capacidad de equilibrio.

B. CAPACIDADES DE ADAPTACIÓN (sobre nuevas situaciones imprevistas): como la capacidad de ritmo y la capacidad de reacción.

No obstante, no todos los autores están de acuerdo con esta clasificación ya que algunos de ellos insertan la capacidad de ritmo dentro de la capacidad de control y la de equilibrio dentro de la de adaptación.

Lo que debemos tener presente que todas estas capacidades conforman y confluyen en lo que denominamos **CAPACIDAD DE APRENDIZAJE MOTOR**.

Tipos de coordinación

La clasificación más extendida probablemente sea la de Seirulo (1993), citada en Navarro (2014), que consideran dos tipos de coordinación:

- **Coordinación dinámica general**: desplaza el cuerpo de un lugar a otro del espacio, con la totalidad o casi la totalidad de los segmentos corporales.

- **Coordinación específica o segmentaria**: dirigida a la relación existente entre un objeto y el cuerpo. Ésta se subdivide en:

  o Coordinación óculo-manual: relación entre la vista y las manos en una acción determinada.

  o Coordinación óculo-pédica: relación entre la vista y los pies, en una acción determinada.

En función de la relación muscular, bien sea interna o externa, la coordinación puede ser:

- *Coordinación Intermuscular (externa)*: referida a la participación adecuada de todos los músculos que se encuentran involucrados en el movimiento. El trabajo coordinado de los músculos agonistas y antagonistas del movimiento o secuencia motora que se pretende realizar.

- **Coordinación Intramuscular (interna)**: es la capacidad del propio músculo para contraerse eficazmente. Es la fuerza que desarrolla el músculo en su interior. Los impulsos nerviosos son los encargados de activar las fibras musculares y además se produce un reclutamiento de unidades motoras que se necesitan. A mayor número de unidades motoras mayor es la contracción y por ende una buena coordinación intramuscular más fuerza se desarrolla a nivel muscular.

Proceso evolutivo de la coordinación

El proceso evolutivo de la coordinación pasa por diferentes etapas, como analizamos a continuación:

- **1ª Infancia (0-3 años):** Se adquiere la suficiente madurez nerviosa y muscular como para asumir las tareas de manejo del propio cuerpo. La mayoría de las coordinaciones son globales, aunque ya comienzan las primeras coordinaciones óculo-manuales al coger objetos. Entre los 18-24 meses, se aprecia un mayor desarrollo pudiendo abrir y cerrar puertas, ponerse los zapatos, lavarse, etc. *(Trigueros y Rivera, 1991).*

- **Etapa de 3-6 años:** El repertorio de posibilidades crece con los estímulos que le llegan al niño. Las acciones coordinadas dependerán de la adquisición de un perfecto esquema corporal y del conocimiento y control del propio cuerpo. La actitud lúdica propia de estas edades es protagonista por excelencia de la formación tanto motriz como cognitiva y hacen que las formas motoras se vayan enriqueciendo y complicando.

- **Etapa de 6-12 años:** Se determina el desarrollo del sistema nervioso y, por tanto, los factores neuro-sensoriales de la coordinación, de ahí que sea la etapa ideal para la adquisición de experiencias motrices. La mala aptitud de retención motriz en el *primer ciclo y parte del segundo* exige en estas edades una profundización del aprendizaje a partir de la repetición de los ejercicios, contribuyendo de esta manera a la automatización del movimiento. Al final del segundo ciclo y todo el tercer ciclo, debido al desarrollo sensitivo y cognitivo, se refleja una buena capacidad perceptiva y de observación. Los ajustes motores son muy eficaces.

- **Etapa de 12-18 años:** Desde comienzos de la pubertad hasta finales de la adolescencia, tiene lugar la maduración sexual y un crecimiento general del cuerpo, esto conllevará un retroceso en la coordinación de los movimientos. Más tarde, la coordinación mejorará en función de la mejora de las cualidades físicas.

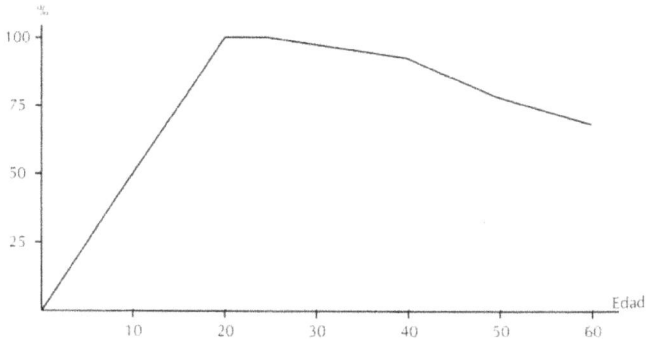

Figura 7. Evolución de la coordinación.

Diversos autores se han ocupado específicamente de analizar la coordinación, desde la perspectiva del aprendizaje y del desarrollo motor que es el planteamiento que nosotros utilizamos, no obstante, en líneas generales, todos los autores coinciden en que el grado de desarrollo de la coordinación durante la infancia estará en función de la adquisición de un perfecto esquema corporal y del conocimiento y control del propio cuerpo.

Debemos diferenciar los términos de imagen corporal, esquema corporal y percepción corporal para poder entender la dimensión de la coordinación y comprender su alcance. Así:

La **imagen corporal** se entiende como la toma de conciencia de nuestro propio cuerpo, es decir, el sentir de nuestro cuerpo, las sensaciones que recibe éste. En palabras de Häfelinger y Shuba (2010), *"se corresponde con la representación visual y sensitiva y conceptual que tenemos de nuestro propio cuerpo"*. Debemos tener presente que esta imagen corporal puede ser negativa o positiva y de ello se derivan consecuencias de aceptación y comportamiento como definen los autores anteriormente citados.

El **esquema corporal,** siguiendo a estos autores, *"se corresponde con la representación de la posición del cuerpo en el espacio y de las diferentes partes. Esta representación se forma gracias a la percepción de diversos estímulos externos e internos, de los denominados extero e interoceptores"*. Como se apunta en su obra, también se denominan *"sensibilidad superficial y sensibilidad profunda"*. La sensibilidad profunda puede ser trabajada mediante el entrenamiento propioceptivo.

La **percepción corporal**, en palabras de los autores anteriores, *"está basada en gran medida en una mezcla de experiencias motoras y conocimientos sobre el propio cuerpo. Gracias a la información recibida a través de los órganos sensitivos, nuestra conciencia percibe las informaciones relativas del entorno y de los diferentes procesos de nuestro organismo"*.

Factores de los que depende la coordinación

Existen diferentes factores que influyen en la adquisición de la coordinación. Con respecto a la COORDINACIÓN GENERAL, depende de factores como:

- ✓ **La herencia**: el factor herencia condiciona las capacidades físicas y determina las diferencias entre individuos.
- ✓ **La edad**: la coordinación evoluciona paralela al desarrollo del individuo y está altamente influida por el aprendizaje y el nivel de experiencias motrices que se vayan adquiriendo.
- ✓ **El grado de fatiga**: la facilidad para la contracción-relajación disminuye con la fatiga y, en consecuencia, también la coordinación.
- ✓ **La tensión nerviosa**: el nivel de excitación óptima para la realización de un movimiento es difícil de determinar. Una relajación excesiva conlleva falta de atención y baja disposición para el movimiento; y con estado de ansiedad se producen movimientos desorganizados, temblores e incluso pérdida de equilibrio.
- ✓ **La condición física**: una buena condición física facilita la buena ejecución, retrasa la fatiga y permite una utilización más amplia de los recursos.

✓ **Nivel de aprendizaje**: el nivel de aprendizaje de acciones motrices y su posterior automatización permite eliminar acciones indeseables y realizar movimientos más complejos al liberar la atención de aquellos movimientos automatizados.

✓ **La elasticidad de músculos, tendones y ligamentos.** El grado de elasticidad de las estructuras musculares y tendinosas hace variar la coordinación, ya que si estas estructuras se encuentran en una situación de estiramiento, la coordinación disminuirá y se dificultará.

Con respecto a la COORDINACIÓN SEGMENTARIA, ésta depende de los siguientes factores:

✓ **Zona del cuerpo**: se coordinan mejor las acciones de las manos que las de los pies.

✓ **Dominancia lateral**: los diestros son más coordinados con el lado derecho y los zurdos con el lado izquierdo.

✓ **Sentido y dirección del movimiento**: son más precisos los movimientos efectuados hacia delante en el plano horizontal, que los ejecutados en otros planos y direcciones.

✓ **La altura del centro de gravedad:** a mayor altura del centro de gravedad, la coordinación disminuye.

✓ **Aspectos externos**: pueden determinar el éxito o fracaso en las acciones que tengamos que llevar a cabo, pueden ser:

- La percepción sensorial, principalmente visual.
- Las características del objeto a manejar: balón, cuerda, monopatín, bicicleta, etc.
- La distancia, velocidad, trayectoria de los objetos a manejar, etc.
- Características de la acción misma, control, captación, intercepción, lanzamiento, etc.
- La velocidad de ejecución del movimiento.

Orientaciones didácticas para el desarrollo de la coordinación

El trabajo de la coordinación, siguiendo las orientaciones de Navarro (2014:193), debe orientarse a:

- ✓ Realizar gran variedad de saltos.
- ✓ Ejecutar ejercicios de gran dinamismo.
- ✓ Realizar ejercicios en los que intervengan distintos grupos musculares.
- ✓ Realizar carreras con continuos cambios de dirección.

Es importante tener en cuenta una serie de directrices a la hora de proponer cualquier tarea de coordinación:

- ✓ Insistir en tareas donde se relacione el factor perceptivo y el movimiento consiguiente.

- ✓ Suponer cierta dificultad, que puede trabajarse a partir de:

  - o Número de regiones corporales implicadas en el ejercicio.
  - o Velocidad de ejecución.
  - o Cambios de dirección.
  - o Altura del centro de gravedad.
  - o Amplitud de la base de sustentación.
  - o Duración del ejercicio.
  - o Nivel de condición física.
  - o Modificaciones exteriores.
  - o Tamaño del móvil.

- ✓ Trabajar todo tipo de coordinaciones; tanto las que impliquen desplazamientos (coordinación dinámica general), como las que movilicen las extremidades (coordinación segmentaria).

- ✓ Trabajar la propiocepción, ya que es un factor de la coordinación. Dentro de éste nos encontramos que engloba la capacidad de equilibrio, de adaptación y la de reacción, lo que engloba la *"sensibilidad profunda"*.

✓ Realizar sesiones para desarrollar aquellas capacidades coordinativas que posibiliten un mejor y eficaz aprendizaje posterior por transferencias motrices.

En resumen, el desarrollo de las capacidades coordinativas se puede llevar a cabo a partir de las siguientes variables para el trabajo de la coordinación en el pádel:

Tabla 2. Posibilidades educativas de coordinación según diferentes variables.

VARIACIONES EN LA EJECUCIÓN DE UN MOVIMIENTO	• Aumentando o disminuyendo la velocidad de ejecución. • Variando los momentos de realización. • Alternando el lado derecho/izquierdo. • Relajando parcialmente determinadas partes del cuerpo.
COMBINACIÓN DE MOVIMIENTOS	• Ejecución cruzada: sucesivos / simultáneos. • Movimientos sucesivos: iguales / distintos.
VARIACIONES DE LAS CONDICIONES EXTERNAS	• En la orientación del movimiento. • En la dirección. • En el lugar de realización. • Peso, forma y diseño de los objetos utilizados. • Acción facilitada, dificultada, etc. • Acciones compartidas.
VARIACIONES EN LA ACCIÓN TEMPORAL	• Opciones en la anticipación a un estímulo. • Variaciones parciales del ritmo de una tarea. • Adaptación de una misma tarea a distintos ritmos. • Creación de alternativas rítmicas.

Evaluación de la coordinación

Existen diferentes pruebas o test para evaluar la coordinación, tanto la dinámica general como la segmentaria, tales como:

- **Perfil Psicomotor de Vayer**, que comprende diferentes pruebas de lateralidad, organización de espacios, estructuras espacio-temporales, velocidad segmentaria, coordinación estática, coordinación dinámica de manos y coordinación dinámica general.

- **Test Ozeretski-Guilmain,** que mide el equilibrio y la coordinación general para niños/as de edades de entre 6 a 11 años. Se mide la coordinación estática (equilibrio), la coordinación dinámica de manos, dinámica de miembros inferiores, rapidez de movimientos, correcciones de movimientos simultáneos y las sincinesias.

Estos son dos ejemplos, de los muchos que hay a la hora de poder evaluar la coordinación. No obstante a la hora de evaluarla en nuestros jugadores/as de pádel, debemos plantearnos la consecución o no del acto motriz a realizar, de mayor o menor grado de ajuste al modelo motor que entendemos que es el correcto.

Este modelo, nos debe permitir hacer las comparaciones pertinentes, en el grado que se puedas, atendiendo a las particularidades que influyen en la coordinación y que hemos apuntado con anterioridad y que nos permitirá llevar a cabo la finalidad de un progreso en los entrenamientos del pádel, atendiendo a que jugadores/as está enfocado, es decir, no es lo mismo una persona con sobrepeso que se inicia ahora en el pádel a nivel iniciación que un jugador/a profesional o que pretende serlo.

Debemos tener presente que la coordinación debe contribuir a que la ejecución nos permita alanzar los objetivos de las sesiones de trabajo y que en palabras de Navarro (2014) son:

    Objetivo: regularidad. En primer lugar, se buscará que los jugadores mantengan la pelota en juego. (El aspecto más importante en el pádel).

    Objetivo: dirección. En segundo lugar, se trabajará la dirección de los golpes. Aquí la pauta de trabajo será que los jugadores comiencen a darle el destino marcado a la pelota.

    Objetivo: profundidad. Lo que se buscará es darle profundidad al golpe.

    Objetivo: precisión. El objetivo ahora será conseguir mayor precisión en los golpes. Para lograrlo se debe insistir bastante en que los jugadores acorten las preparaciones de los golpes para poder tener mayor control sobre ellos.

Por lo tanto, a la hora de evaluar coordinación a nuestros/as jugadores/as nos centraremos en una triple vertiente:

1. Tener presente el modelo motriz que pensamos que es el correcto y la adecuación de nuestros/as jugadores/as a éste, atendiendo a las particularidades internas y externas.

2. Grado de consecución de objetivos de la sesión que pretendemos realizar, es decir, qué grado de aciertos se consigue cuando se realiza el acto motriz que pretendemos, qué porcentajes de aciertos se consiguen o qué grado de errores genera la no coordinación del acto motriz en cuestión.

3. La transferencia de los entrenamientos a la competición. Debemos atender al error motriz a la hora de ejecutar el golpe y qué consecuencias ha generado dicho error en la coordinación del acto motriz.

Proponemos la utilización de diversos registros que proporcionaran al entrenador una herramienta útil para ver la progresión de nuestros/as jugadores/as y así poder ver la conveniencia o no de trabajar alguna capacidad más que otras o por el contrario el trabajo que se está realizando corresponde con el planteamiento inicial que se propuso.

No obstante, cada entrenador/a podrá utilizar una tipología de evaluación a tener en cuenta, lo anteriormente expuesto es la propuesta que nosotros realizamos pudiendo existir disparidad de criterios al respecto de la evaluación de la coordinación.

CAPÍTULO 8
EL EQUILIBRIO

Definición

Para Vayer (1972), el equilibrio es el *"conjunto de reacciones del sujeto a la gravedad, es decir, su adaptación a las necesidades de la bipedestación y a los desplazamientos en posición erecta"*.

Por su parte, Le Boulch (1987) considera el equilibrio como *"la capacidad de mantener el cuerpo en cualquier posición contra la acción de la gravedad"*.

Para Castañer y Camerino (1991) el equilibrio es uno de los elementos básicos del funcionamiento perceptivo-motor del organismo y lo definen como *"la capacidad de controlar el propio cuerpo y de recuperar la correcta postura tras la intervención de un factor desequilibrante"*.

Además Contreras (1998) expone el equilibrio como el mantenimiento de la postura mediante correcciones que anulen las variaciones de carácter exógeno o endógeno.

Por su parte García y Fernández (2002) definieron que el equilibrio corporal consiste en las modificaciones tónicas que los músculos y articulaciones elaboran a fin de garantizar la relación estable entre el eje corporal y eje de gravedad.

Si analizamos el equilibrio como un elemento básico del funcionamiento perceptivo-motor del organismo, se puede definir como la capacidad de controlar el propio cuerpo en el espacio y de recuperar la correcta postura tras la intervención de un factor desequilibrante tanto si es voluntario como involuntario. En el caso del pádel sería dejar caer el cuerpo hacia delante, desequilibrándolo hacia delante para poder realizar el golpe correctamente, fruto de éste el talón de la pierna que queda más retrasada se elevara (Navarro, 2014).

En definitiva, el equilibrio lo constituyen todas aquellas actividades y tareas que tienen como objetivo el mantenimiento de la estabilidad corporal en situaciones inhabituales o dificultadoras de ésta.

¿Por qué es tan importante el equilibrio?

El desarrollo de esta capacidad está relacionado con el grado de control y orientación del cuerpo en el espacio y con la cualidad de las informaciones sensoriales propiciadas por el sistema cinestésico, por el sistema visual y por el estático-dinámico (sistema del equilibrio).

Tipos de equilibrio

Según Muska Mosston (1968) existen tres tipos de equilibrio:

- **Equilibrio en una determinada posición (estático):** capacidad de mantener nuestro cuerpo en un lugar o en una posición estable. Nos permite mantener una postura sin desplazamiento. Por ejemplo: mantenernos con una pierna.

- **Equilibrio durante el movimiento (dinámico):** capacidad de mantener el equilibrio de nuestro cuerpo en movimiento. Nos permite mantener una sucesión de posturas en movimiento. Por ejemplo: saltar a la pata coja.

- **Recuperación del equilibrio en una posición de haber estado en el aire (post-vuelo):** todas las posiciones o acciones posteriores a un vuelo. Por ejemplo: salidas de aparatos en gimnasia artística, el paso de vallas en atletismo, etc.

Proceso evolutivo del equilibrio

La evolución del equilibrio está ligada al desarrollo general del individuo y al aprendizaje y nivel de experiencias motrices que vaya adquiriendo:

- ➢ **Durante los primeros años de vida** se adquiere la capacidad bípeda. Esto es paralelo a la maduración del sistema de percepción, el desarrollo del sistema nervioso y al desarrollo del sistema músculo esquelético.

o Hacia el primer año de edad el niño es capaz de mantenerse en pie.

o Hacia los 2 años aumenta progresivamente la posibilidad de mantenerse brevemente sobre un apoyo pudiendo permanecer hasta el tercer año sobre todo un pie entre 3 y 4 segundos y marchar sobre una línea recta pintada en el suelo.

o El equilibrio tanto estático como dinámico, alcanza una gran madurez hacia los 5 años.

o A los 7 años es cuando se completa la posibilidad de mantener o permanecer en equilibrio con los ojos cerrados.

➢ **En la edad pre-puberal** se alcanzan las máximas posibilidades de trabajo, gracias a la consolidación del desarrollo del sistema nervioso y sensorial.

➢ **En edades avanzadas** aparece una involución del equilibrio debido al deterioro del sistema nervioso, el aparato locomotor, la vida sedentaria y las enfermedades que afectan a distintos sistemas orgánicos.

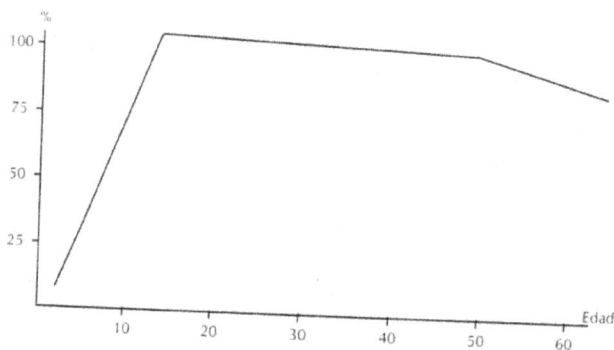

Gráfico 8. Evolución del equilibrio.

Factores de los que depende el equilibrio

Existen diversos factores que intervienen en la adquisición de un correcto equilibrio, como son:

A. MECÁNICOS:

- o *Base de sustentación:* es el lugar donde se apoya el sujeto en el movimiento. Cuanto mayor sea, mayor será el equilibrio, más fácil.

- o *Centro de gravedad:* es el punto donde pasan todas las fuerzas que actúan sobre el cuerpo. Si tenemos en cuenta la altura del centro de gravedad con respecto a la base de sustentación; a mayor altura del centro de gravedad, más inestable es la posición.

- o *La línea de gravedad:* es una línea imaginaria que debe pasar siempre por la base de sustentación para que el equilibrio se mantenga. Es la línea que une el centro de gravedad con el centro de la Tierra. A mayor proximidad a los límites de la base de sustentación, más inestable es el equilibrio.

- o *Otros factores* considerados menos importantes son:

    - Equilibración teórica segmentaria (trapecistas).
    - Masa o peso corporal (a más peso, más equilibrio).
    - Base inamovible (estabilidad).
    - Fuerza de gravedad.
    - Cambios de velocidad y ritmo.
    - Duración.

B. FISIOLÓGICOS:

Los factores fisiológicos que intervienen de una forma especial son los sensoriales. Concretamente:

- o *El oído:* a través de los canales semicirculares y el aparato vestibular, situado dentro de él.

o *La vista:* observando las distancias de los objetos y estableciendo referencias, contrastes, etc.

o *El tacto:* este sentido interviene informando de las diferentes posiciones que experimente el sujeto a través de las presiones, distensiones, etc.

o *Órganos propioceptivos o mecano-receptores:* situados en los músculos y tendones informan de qué músculo debe actuar en cada momento.

C. PSICOLÓGICOS:

Los factores psicológicos que intervienen en la adquisición del equilibrio son:

o *La inteligencia,* que puede resolver con rapidez y efectividad situaciones de desequilibrio.

o *La imaginación,* que constituye un elemento muy importante a la hora de buscar soluciones para una situación del desequilibrio.

o *La confianza en sí mismo,* por la que el sujeto decide afrontar situaciones desconocidas, para los que no tiene programada una posible reacción.

o *La adaptación a la altura.*

o Y también *la motivación, capacidad de relajación e intencionalidad del individuo.*

Orientaciones didácticas para el desarrollo del equilibrio

Según Díaz Lucea (1999) se puede obtener un trabajo de equilibrio exitoso proponiendo a los alumnos, sobre todo a los más pequeños, experiencias motoras diferentes, lúdicas y polivalentes, que constituyan la base para un posterior perfeccionamiento y consolidación de los equilibrios (estático-dinámicos) indispensables en la educación deportiva y otras acciones de la vida.

La tabla siguiente muestra algunas de las posibilidades educativas con el trabajo del equilibrio.

Tabla 3. Posibilidades educativas con actividades de equilibrio-desequilibrio

EN TIERRA	• Disminución de la base de sustentación. • Disminución de la base de sustentación y elevación de centro de gravedad. • Disminución de la base y movimientos de tronco y cabeza. • Disminución de la base, elevación del centro de gravedad y movimientos de tronco y cabeza.
SOBRE APARATOS	• Disminución de la base de sustentación: • Disminución de la base y elevación del centro de gravedad. • Disminución de la base y movimientos de tronco y cabeza. • Disminución de la base, elevación del centro de gravedad y movimientos de tronco y cabeza. • Locomociones sencillas o con obstáculos: • Ejercicios de locomoción sobre aparatos. • Ejercicios de locomoción sobre aparatos con obstáculos. • Locomociones con aparatos inclinados. • Movilidad del aparato. • Con movimientos plásticos (que lo haga bonito).

Algunos puntos a tener en cuenta en el tratamiento educativo-deportivo del equilibrio son los siguientes:

➢ Estar concentrado en la tarea.
➢ Estar relajado durante la acción.
➢ Reducir la amplitud de los desplazamientos.
➢ Enseñar a tomar puntos de referencia.
➢ Alternar el trabajo de equilibrio con otro (porque es un trabajo que requiere mucha concentración y es imposible que mantengan el nivel durante toda la clase).
➢ Trabajar la independencia de movimientos.

Y principalmente, **trabajar progresivamente de lo más fácil a lo más difícil**.

Evaluación del equilibrio

La mayoría de las pruebas para la evaluación del equilibrio son susceptibles de valoración y medida. Para la selección de los mismos se ha tenido en cuenta el estudio llevado a cabo por Martínez López y col. (2003) sobre 15 tests de equilibrio destacando:

- **Caminar sobre una barra de equilibrio.** (Equilibrio dinámico)

A la señal, el individuo comenzará a caminar sobre la barra hasta una marca situada a 2 m. de distancia. Una vez superada ésta, dará la vuelta para volver al punto de partida. Repetirá la acción cuántas veces pueda hasta que pierda el equilibrio y caiga tocando el suelo u otras partes del banco. Se medirá distancia recorrida por el ejecutante desde el inicio hasta el punto de bajada con exactitud de 5 cm. Si el sujeto realiza ininterrumpidamente el ejercicio, se concluirá la tentativa a los 45 segundos. Se realizarán tres intentos y se calculará el promedio de ellos.

- **Equilibrio de pica sentado.** (Equilibrio estático con un objeto)

Sentado en el suelo con las piernas separadas y entre las manos una pica vertical sobre los dedos índice y medio, a la vez que la sujeta con la otra mano. A la señal, el individuo deberá mantener el equilibrio de la pica verticalmente sobre los dedos, sin levantar los pies del suelo, pero pudiendo apoyar la otra mano sobre el suelo. Se registrará el tiempo que transcurre desde la señal de inicio hasta que la pica caiga al suelo, o el sujeto cometa un error por el que se anule la ejecución. Se realizarán cuatro tentativas, de las cuales se eliminarán el mejor y el peor resultado, realizando el promedio de los restantes. Si el sujeto mantiene el equilibrio, la prueba se interrumpirá a los 60 segundos.

- **Equilibrio flamenco.** (Equilibrio estático)

Desde posición erguida, con un pie en el suelo y el otro apoyado sobre una tabla de 3 cm. de ancho, a la señal, el individuo pasará el peso del cuerpo a la pierna elevada sobre la tabla, flexionando la pierna libre hasta poder ser agarrada por la mano del mismo lado del cuerpo. El test se para en cada pérdida de equilibrio del sujeto, conectando inmediatamente el cronómetro cada vez que vuelva mantener el equilibrio de una forma continuada hasta un tiempo total 1 min. Si el sujeto cae más de quince veces en los primeros 30 segundos, se finaliza la prueba. Se contabiliza el número de intentos necesarios para guardar el equilibrio en 1 min.

En resumen, tanto la coordinación como el equilibrio son cualidades imprescindibles para la ejecución de cualquier respuesta motriz que resuelva la relación entre un organismo y su medio y, como consecuencia, para su eficacia adaptativa.

Se fundamentan en el desarrollo e intervención de la postura y el tono muscular, por lo que el tratamiento didáctico se encuentra directamente relacionado con el ajuste que el individuo realice de estos dos factores relacionados.

Cualquier persona que quiera enseñar o aprender pádel debe conocer a fondo estos dos contenidos, los factores que intervienen, cómo evolucionan, qué orientaciones didácticas se deben tener en cuenta y cómo pueden evaluarse de manera específica.

La coordinación y el equilibrio en personas adultas

La mejora de la coordinación y el equilibrio es un proceso más complicado en personas adultas que en los/as niños/as y adolescentes. En este proceso cobra una importancia esencial la coordinación a en función a la relación muscular como hemos apuntado anteriormente:

- *Coordinación Intermuscular (externa):* referida a la participación adecuada de todos los músculos que se encuentran involucrados en el movimiento.

- *Coordinación Intramuscular (interna):* es la capacidad del propio músculo para contraerse eficazmente.

La ausencia de actividad física, la mala planificación de la misma, la ejecución de gestos técnicos de manera deficiente, un exceso de uso de determinada musculatura en la vida diaria, lesiones anteriores etc. pueden provocar tensiones musculares que no permitirán una buena coordinación intramuscular ni intermuscular. Como consecuencia de esta tensión muscular excesiva, el patrón de movimiento de corporal y de aquellos gestos técnicos en los que se solicite musculatura inhibida o sobrecargada será defectuoso, pudiendo ser causante de futuras lesiones osteoarticulares.

Según nos explica Paul Hodges (2015), la actividad muscular puede incrementarse como 'estrategia de protección' si la información sensorial no está disponible, es errónea o es ignorada por el sistema nervioso. Si la consecuencia de los movimientos o de las cargas no se puede 'predecir' de manera adecuada (como resultado de una representación interna comprometida del cuerpo por falta de información sensorial) una **'estrategia protectora'** sencilla puede ser la mejor solución. Esa solución suele ser un **exceso de rigidez** en determinada musculatura. Es interesante tener en cuenta que el exceso de tensión muscular puede ser un mecanismo de protección del sistema.

El exceso de rigidez produce una falta de coactivación alfa-gamma, con la consecuente falta de información recibida en el SNC, es decir, no tenemos propiocepción. Como consecuencia, las decisiones tomadas por el SNC son inadecuadas, es decir, no tenemos la coordinación necesaria para realizar el movimiento o gesto técnico correctamente.

Antes de iniciar el trabajo de coordinación y equilibrio con personas adultas, deberemos realizar una valoración para detectar disfunciones neuromusculares, seguidamente deberemos solucionar las disfunciones mediante técnicas que estimulen los músculos involucrados y, por último, deberemos trabajar el refuerzo neuromuscular mediante entrenamiento.

En tal sentido, Dorochenko (2009) propone el trabajo de readaptación neuromotriz, trabajando la habilidad visual y del ojo dominante con el entrenamiento VISUAL-NEUROLÓGICO-COGNITIVO-MOTOR, así como un desarrollo de la lateralidad para el rendimiento motor.

CAPÍTULO 9
LOS MATERIALES DIDÁCTICOS EN EL PÁDEL

Función de los materiales didácticos en pádel

Debemos considerar que los materiales didácticos son aquellos que hacen su presencia en el proceso de enseñanza-aprendizaje y que tienen por objetivo facilitar éste.

Para fundamentar la utilización de los materiales didácticos y apuntar qué función deben poseer vamos a considerar las aportaciones de Díaz (1999) con respecto a las diferentes funciones que tienen estos materiales:

☐ FUNCIÓN MOTIVADORA: los materiales deben motivar a la participación de los deportistas, deben captar la atención de éstos.

☐ FUNCIÓN DIDÁCTICA: estos deben guardar una relación con los objetivos que se pretenden, es decir, deben servir para lo que se pretende y deben dejar constancia de para qué se utilizan.

☐ FUNCIÓN FACILITADORA DE LOS APRENDIZAJES: intrínsecamente aportan al proceso enseñanza-aprendizaje, ayudan a éste, son educativos, por decirlo en términos de educación, en sí mismos.

☐ FUNCIÓN DE SOPORTE AL ENTRENADOR/A: deben proporcionar ayuda al entrenador/a a la hora de poder cumplir la programación establecida, a poder realizar las sesiones, etc.

☐ FUNCIÓN ESTRUCTURADORA: facilitarán la organización del aprendizaje por parte del deportista.

☐ FUNCIÓN DE MULTIEXPERIENCIA: son enriquecedores a nivel motriz.

Clasificación de los materiales didácticos en pádel

Los materiales didácticos en el pádel se pueden clasificar en función de las instalaciones en las que se van a utilizar, el material propiamente deportivo, material fungible y el material propio del entrenador. Vamos a ver a continuación de manera detallada cada uno de ellos.

A. INSTALACIONES

Las instalaciones con las que se puede contar a la hora de practicar el pádel son:

- Pista de pádel: tanto cubiertas como descubiertas, deben cumplir la normativa vigente, deben reunir en su construcción unas condiciones óptimas de permeabilidad, orientación, tipo de pavimento, buenas condiciones de iluminación, acústica, normativa de seguridad, etc.

- Vestuarios: necesarios para la práctica de la actividad y deben cumplir la normativa en materia de salud e higiene, tanto en el tratamiento de agua, utilización de productos de limpieza, etc.

- Almacén deportivo: imprescindible para que se pueda guardar el material deportivo y así poder hacer más longeva su vida útil.

- Enfermería o sala de primeros auxilios: es recomendable, esta debe adecuarse a la normativa a tal efecto, inclusive es conveniente la instalación de un desfibrilador por si fuera necesario la reanimación y así minimizar cualquier problema que pueda surgir a la hora de practicar el pádel.

B. MATERIAL DEPORTIVO

Del material deportivo disponible para trabajar la coordinación y el equilibrio en el pádel cabe diferenciar entre materiales específicos y materiales no específicos del pádel.

b.1. Los **materiales específicos** del pádel son aquellos materiales que se comercializan y que podemos adquirir, contribuyendo a un mejor desarrollo del trabajo de la coordinación y equilibrio. A su vez, pueden ser: específico del deporte (palas y pelotas de pádel) o de psicomotricidad, como detallamos a continuación:

MATERIAL ESPECÍFICO DEL DEPORTE	***PALAS DE PÁDEL***	
	PELOTAS DE PÁDEL	

Entre los diferentes materiales de psicomotricidad que vamos a encontrar y debido a su importancia para el trabajo de la coordinación y el equilibrio, vamos a exponer algunos de los que se encuentran en el mercado y que pueden ser empleados en las sesiones de entrenamiento. Nos detendremos en los que normalmente se utilizan tanto por tamaño como por utilidad y matizando que existen muchos más en el mercado. Éstos son:

CONOS SEMIRRÍGIDOS	Conos de PVC rígidos, normalmente se utilizan para delimitar recorridos y zonas. Se encuentran en diferentes dimensiones y colores.	
CONOS CON SOPORTE PARA PICAS Y AROS	Conos de PVC rígidos con agujeros para insertar picas y aros. Se utilizan para delimitar recorridos, zonas, trabajo coordinativo en saltos así como lanzamientos de objetos a través de los aros que se insertan. Se encuentran en diferentes dimensiones y colores.	
CONOS CHINOS	Conos de PVC flexibles. Se utilizan para delimitar recorridos y zonas. Se encuentran en diferentes colores y tamaños.	
CONOS REDONDOS	Conos de PVC rígidos. Se utilizan para delimitar recorridos y zonas. Se encuentran en diferentes colores y tamaños.	
LADRILLOS CON SOPORTE PARA PICAS Y AROS	Ladrillos de PVC rígido con soporte para picas y aros planos. Sirven para delimitar recorridos, zonas, para trabajar el equilibrio, para realizar lanzamientos a través de los aros y picas, etc.	
REGLAS CON ACOPLE DE PICAS Y AROS	Regla de PVC para acoplar a los conos con agujeros. Al insertarlo verticalmente se puede regular las picas y los aros horizontalmente a diferentes alturas. Sirve para trabajar la coordinación en el salto así como delimitar zonas de lanzamientos a través de los aros. Se encuentran en diferentes formatos y tamaños.	
AROS PLANOS POLIGONALES	Aros de PVC plano de doce lados. Sirve para el trabajo de psicomotricidad, coordinación, delimita estaciones, sirve para marcar recorridos o hacer diferentes formas. También se	

MATERIAL DE PSICOMOTRICIDAD

		pueden realizar lanzamientos a través de ellos.	
	AROS	Aros de PVC plano de doce lados. Sirve para el trabajo de psicomotricidad, coordinación, delimita estaciones, sirve para marcar recorridos o hacer diferentes formas. También se pueden realizar lanzamientos a través de ellos.	
	PIEZAS DE PLÁSTICO PARA FORMAS PLANAS	Piezas de PVC flexible que se pueden combinar entre sí para realizar diferentes formas. Sirve para el trabajo de psicomotricidad, coordinación, equilibrio, delimita estaciones, marca recorridos o hace diferentes formas. También se puede realizar lanzamientos a través de ellos.	
	BASES PARA PICAS Y AROS	Base de PVC reforzado para picas y aros planos y redondos. Tiene una forma semicilíndrica. Se puede llenar de arena para poder tener más estabilidad.	
	CUBOS	Base de PVC reforzado para picas y acople para aros planos. Se encuentra en diferentes formatos y colores.	
	PICAS DE PVC	Picas de PVC con acabado redondo. Se encuentra en diferentes medidas y colores.	
	JUEGOS DE CUCURUCHO	Juego del cucurucho de PVC unido por medio de un cordón elástico. Se trabaja la coordinación óculo-manual.	
	PELOTA CON ASA	Juego de pelota y aro de PVC unido mediante un cordón rígido. Se trabaja la coordinación óculo-manual.	

CUERDAS DE EQUILIBRIO	Cuerda de poliéster. Se utiliza para trabajar el equilibrio o delimitar trazados o zonas. Se encuentra en diferentes tamaños y colores.	
PLATAFORMAS DE BALANCE	Plataforma de balance de PVC granulada para evitar deslizamientos. Sirve para trabajar el equilibrio y la coordinación.	
VALLAS ANTI LESIONES FIJAS	Valla metálica con protecciones de foam. Se puede regular a diferentes alturas en función de las necesidades.	
VALLAS ABATIBLES	Vallas de PVC. Recuperan su posición original en caso de impacto con ellas. Se encuentran en diferentes alturas.	
VALLAS ANTI-LESIÓN INICIACIÓN	Valla rígida de PVC. Aconsejable para la iniciación. Se presenta en diferentes medidas.	
VALLAS AUTO REGULABLES	Es la unión de diferentes materiales anteriormente citados. Ofrece innumerables posibilidades a la hora de realizar combinaciones.	
ESCALERA DE COORDINACIÓN Y AGILIDAD	Escalera de coordinación-agilidad. Se puede trabajar la coordinación el equilibrio y la agilidad. Hay escaleras que pueden regular las distancias entre los espacios.	
ASPA DE AGILIDAD	Aspa de agilidad en forma de aspa de lona resistente.	
ESCALERA DE AGILIDAD DE AROS	Escalera de PVC formada por un número de aros no determinado, se pueden intercalar aros de diferentes tamaños y colores. Los aros están unidos por argollas de velcro para permitir diferentes formas.	

COMBAS	Se presentan en diferentes longitudes, materiales, empuñaduras, etc. Se utilizan para trabajar la coordinación principalmente.	
ZANCOS BAJOS	Zancos de PVC unidos por cuerdas. Se utilizan para trabajar el equilibrio y la coordinación.	
LÍNEAS DE POLIVINILO	Líneas de polivinilo. Se utiliza para delimitar zonas, trazar recorridos. Hay de diferentes dimensiones y tamaños.	
DELIMITADORES DE ÁNGULOS DE POLIVINILO	Ángulos de polivinilo. Se utiliza para delimitar zonas, trazar recorridos. Hay de diferentes dimensiones y tamaños.	
CÍRCULOS DE MARCAJE	Círculo de marcaje polivinílico. Se utiliza para delimitar espacios.	
PELOTAS	De diferentes tamaños y formas. Se incluyen las pelotas gigantes.	

b.2. Los *materiales no específicos* del pádel son aquellos materiales que no se comercializan y que van a contribuir a un mejor desarrollo del trabajo de la coordinación y equilibrio. A su vez pueden clasificarse en:

❖ Los naturales: como por ejemplo, troncos, ramas, piedras, hojas, piñas de los árboles, etc. Debemos tener presente que tienen que responden a la premisa de la seguridad, por lo tanto, no todos estos elementos anteriormente citados pueden utilizarse, hay que atender mucho a las formas de éstos para evitar cualquier tipo de lesión.

❖ Los reciclados: son aquellos objetos que han caído en desuso y o que han dejado de cumplir su función para los que fueron confeccionados. Según la procedencia, estos pueden ser industriales o domésticos. Entre ellos tendríamos los papeles, periódicos, revistas, cajas de cartón, tubos de cartón, envases de plástico, tapas de aluminio, sacos, bidones, neumáticos, etc. Con ellos se puede realizar actividades diversas para nuestro entrenamiento y como hemos apuntado anteriormente debemos tener presente las medidas de seguridad en su utilización para evitar lesiones y accidentes, desestimando aquellos que pudieran favorecer esta posibilidad.

❖ Los de fabricación propia: objetos que son elaborados por nosotros a partir de materiales de desecho o bien comprando los elementos necesarios para confeccionar otros, como por ejemplo, madera, tableros, tubos, plásticos, etc., con ellos y algo de imaginación podremos tener material deportivo diferente al existente y a bajo coste.

C. MATERIAL FUNGIBLE

Son todos aquellos materiales que se gastan con el uso que se hace de ellos, como por ejemplo, bolígrafos, bloc de notas, etc.

D. MATERIALES DE SOPORTE AL ENTRENADOR

Son aquellos que facilitan la labor de gestión y organización de los entrenamientos de pádel. Los vamos a clasificar atendiendo a su función:

d.1. *Aquellos que sirven para guardar y archivar datos,* (listas de asistencia, programaciones, expediente de los alumnos/as, expedientes alumnos/as acumulativos, etc.) y para la evaluación del proceso de enseñanza-aprendizaje (hojas de datos de test, pruebas, registro de acontecimientos, controles diversos, hojas de observación de conductas, escalas de clasificaciones, hojas de información cuantitativa, descriptivas, etc.).

d.2. *Aquellos que transmiten información,* como podrían ser boletines de información diversa, tanto para padres y madres, alumnos/as, informes médicos, análisis de las evaluaciones, etc.

Todo lo anteriormente expuesto puede ayudar en nuestros entrenamientos y puede facilitar el proceso de enseñanza-aprendizaje.

No obstante debemos tener presente las diferentes normativas legales en materia de protección de datos de carácter personal y más cuando la información puede ser sensible, como por ejemplo los datos médicos de nuestros alumnos/as que deben estar custodiados según la legalidad.

Características de los recursos materiales

Las características que estos recursos deben tener los resumimos en:

- Deben servir en el proceso de enseñanza-aprendizaje de una forma SIGNIFICATIVA.

- Deben adaptarse a las CARACTERÍSTICAS DE LOS ALUNNOS/AS, debemos atender a las particularidades psicosomáticas y evolutivas de nuestros deportistas así como de la edad de éstos.

- Deben ser ASEQUIBLES, en la medida de lo posible.

- Deben ser ÚTILES Y EFICACES, además de prácticos para nuestros entrenamientos.

- Deben ser MOTIVANTES.

- Deben ser CONGRUENTES, con aquello que pretendamos trabajar en nuestros entrenamientos.

- Deben ser RESISTENTES.

- Deben ser SEGUROS en su utilización y cumplir con las normativas vigente en su confección, lo cual, nos dará una garantía para ellos.

CAPÍTULO 10
FICHAS DE ACTIVIDADES PARA EL TRABAJO DE LA COORDINACIÓN Y EL EQUILIBRIO EN EL PÁDEL

DESARROLLO DE LA COORDINACIÓN ÓCULO-MANUAL
Material utilizado: pelotas de pádel y material inestable.
Series recomendadas: 3 series.
Repeticiones recomendadas: 30 repeticiones con cada mano.
Recuperación entre series: 2' de recuperación activa relacionada con CORE (trabajo lumbo-abdominal).
EJERCICIO PRINCIPAL O BASE

Número 1
El alumno lanzará una pelota de pádel en vertical repetidas veces en posición de parado, con la mano opuesta deberá recibir otra pelota y pasarla con un compañero o el entrenador.

VARIANTES DE EJERCICIOS

Número 2
Variaciones en el peso o el tamaño de la pelota o móvil que se lanza.

Número 3
Realización del ejercicio con la mano no dominante.

Número 4
Introducción de inestabilidad en la realización del ejercicio (pata coja, almohadilla hinchable, bosu, plataforma inestable, disco de inestabilidad).

Número 5
Introducción de la pala de pádel, realizando de esta manera, todos los movimientos requeridos utilizando la misma, con el fin de buscar una mayor transferencia al deporte.

DESARROLLO DE LA COORDINACIÓN ÓCULO-MANUAL

Material utilizado: pelotas de pádel y material inestable.

Series recomendadas: 3 series.

Repeticiones recomendadas: 20 lanzamientos.

Recuperación entre series: 3 minutos.

EJERCICIO PRINCIPAL O BASE

Número 6
El alumno lanzará una pelota a una cesta, si acierta en el lanzamiento correrá hacia la derecha y golpeará la pelota que le lance el entrenador, de forma contraria, correrá hacia el lado izquierdo realizando el mismo golpeo, en este caso de revés.

VARIANTES DE EJERCICIOS

Número 7
Aumento de la distancia de lanzamiento a la cesta.

Número 8
Aumento de las dimensiones de la pelota o móvil en cuestión.

Número 9
Realización del lanzamiento con la mano no dominante.

Número 10
Introducción de inestabilidad en la realización del ejercicio, durante el lanzamiento a la cesta o en el apoyo del golpeo (pata coja, almohadilla hinchable, bosu, plataforma inestable, disco de inestabilidad).

Número 11
Introducción de la pala de pádel, realizando de esta manera, todos los movimientos requeridos utilizando la misma, con el fin de buscar una mayor transferencia al deporte.

DESARROLLO DE LA COORDINACIÓN ÓCULO-MANUAL

Material utilizado: pelotas de pádel y material inestable.

Series recomendadas: 3 series.

Repeticiones recomendadas: 4 ida/vuelta

Recuperación entre series: 2' de recuperación activa relacionada con CORE (trabajo lumbo-abdominal).

EJERCICIO PRINCIPAL O BASE

Número 12
El alumno avanzará a lo largo de un recorrido establecido previamente. Durante éste, con una mano deberá botar una pelota de pádel, mientras que con la otra realizará lanzamientos en vertical.

VARIANTES DE EJERCICIOS

Número 13
Modificación del recorrido aumentando la complejidad del mismo.

Número 14
Realización del ejercicio con la mano no dominante.

Número 15
Introducción de inestabilidad en la realización del ejercicio (pata coja).

Número 16
Introducción de la pala de pádel, realizando de esta manera, todos los movimientos requeridos utilizando la misma, con el fin de buscar una mayor transferencia al deporte.

DESARROLLO DE LA COORDINACIÓN ÓCULO-MANUAL

Material utilizado: pelotas de pádel y material inestable.

Series recomendadas: 3 series.

Repeticiones recomendadas: 40 pases.

Recuperación entre series: 2' de recuperación activa relacionada con CORE (trabajo lumbo-abdominal).

EJERCICIO PRINCIPAL O BASE

Número 17
Los alumnos se colocarán separados formando un círculo, intercambiándose tantas pelotas de pádel como miembros tenga el grupo.

VARIANTES DE EJERCICIOS

Número 18
Aumento del número de pelotas a intercambiar.

Número 19
Realización del ejercicio con la mano no dominante.

Número 20
Introducción de cambios de dirección y variaciones de velocidad durante el ejercicio.

Número 21
Introducción de inestabilidad en la realización del ejercicio (pata coja, almohadilla hinchable, bosu, plataforma inestable, disco de inestabilidad).

Número 22
Introducción de la pala de pádel, realizando de esta manera, todos los movimientos requeridos utilizando la misma, con el fin de buscar una mayor transferencia al deporte.

DESARROLLO DE LA COORDINACIÓN ÓCULO-MANUAL

Material utilizado: panel de plástico, pelotas de pádel y material inestable.

Series recomendadas: 3 series.

Repeticiones recomendadas: 10 golpeos.

Recuperación entre series: 3' de recuperación activa relacionada con CORE (trabajo lumbo-abdominal).

EJERCICIO PRINCIPAL O BASE

Número 23

En el cristal lateral de la pista de pádel se colocará un panel con cuatro cuadrados de colores diferentes. El alumno deberá tocar los diferentes colores según la secuencia establecida previamente por el entrenador. Acto seguido golpeará la pelota que se le lance.

VARIANTES DE EJERCICIOS

Número 24

Realización del ejercicio con la mano no dominante.

Número 25

Modificar la secuencia de colores con el fin de aumentar la complejidad.

Número 26

Colocar diferentes paneles (en ambos cristales). Tocar 1-Golpeo-Tocar 2-Golpeo.

DESARROLLO DE LA COORDINACIÓN ÓCULO-MANUAL

Material utilizado: pelotas de pádel y material inestable.

Series recomendadas: 3 series.

Repeticiones recomendadas: 30 repeticiones con cada mano.

Recuperación entre series: 2' de recuperación activa relacionada con CORE (trabajo lumbo-abdominal).

EJERCICIO PRINCIPAL O BASE

Número 27
El alumno deberá mantener dos pelotas en el aire impulsándolas con las dos manos, primero una y luego la otra, de forma que no caiga ninguna, ni se junten ambas en las manos del sujeto.

VARIANTES DE EJERCICIOS

Número 28
Modificar o variar las dimensiones de las pelotas.

Número 29
Añadir desplazamientos durante los lanzamientos.

Número 30
Introducción de inestabilidad en la realización del ejercicio (pata coja, almohadilla hinchable, bosu, plataforma inestable, disco de inestabilidad).

Número 31
Introducción de la pala de pádel, realizando de esta manera, todos los movimientos requeridos utilizando la misma, con el fin de buscar una mayor transferencia al deporte.

DESARROLLO DE LA COORDINACIÓN ÓCULO-MANUAL

Material utilizado: pelotas de pádel y material inestable.

Series recomendadas: 3 series.

Repeticiones recomendadas: 4 ida/vuelta.

Recuperación entre series: 2' de recuperación activa relacionada con CORE (trabajo lumbo-abdominal).

EJERCICIO PRINCIPAL O BASE

Número 32
El alumno deberá transportar una pelota de pádel encima de la pala de pádel a lo largo del recorrido establecido previamente por el entrenador.

VARIANTES DE EJERCICIOS

Número 33
Transportar la pelota con los ojos cerrados.

Número 34
Transportar la pelota realizando toques con la pala.

Número 35
Transportar la pelota mientras con la mano opuesta se bota otra.

Número 36
Transportar la pelota mientras con la mano opuesta se lanza y recibe otra.

Número 37
Transportar 2 pelotas, en la misma pala o en alas distintas.

Número 38
Introducción de inestabilidad en la realización del ejercicio (pata coja).

DESARROLLO DE LA COORDINACIÓN ÓCULO-MANUAL

Material utilizado: escalera de coordinación, cuerdas, pelotas de pádel y material inestable.

Series recomendadas: 3 series.

Repeticiones recomendadas: 2 ida/vuelta en la escalera.

Recuperación entre series: 3' de descanso.

EJERCICIO PRINCIPAL O BASE

Número 39
El alumno realizará diferentes ejercicios con la escalera de coordinación, todos ellos en posición de fondo, con codos extendidos.

VARIANTES DE EJERCICIOS

Número 40
Desplazamiento lateral entre los espacios, con dos apoyos en cada uno y sin cruzar los brazos.

Número 41
Desplazamiento lateral entre los espacios, metiendo y sacando ambos brazos en cada uno por la parte inferior o superior.

Número 42
Realización de una cruz mediante desplazamientos, pasando siempre las manos dentro de un espacio central.

Número 43
Desplazamiento lateral entre los espacios, avanzando 2 y retrocediendo 1.

Número 44
Desplazamiento lateral entre los espacios, flexión en cada apoyo.

Número 45
Ejecutar todas las variantes anteriores con desplazamientos frontales.

DESARROLLO DE LA COORDINACIÓN ÓCULO-MANUAL
Material utilizado: arnés elástico, pelotas de pádel y material inestable.
Series recomendadas: 3 series.
Repeticiones recomendadas: 20 lanzamientos con cada mano.
Recuperación entre series: 2' de recuperación activa relacionada con CORE (trabajo lumbo-abdominal).

EJERCICIO PRINCIPAL O BASE

Número 46
El alumno se situará sujeto a un arnés elástico. Partiendo de posición de espera, deberá golpear manteniendo el arnés en tensión.

VARIANTES DE EJERCICIOS

Número 47
Modificar los desplazamientos entre los golpeos.

Número 48
Modificar el ángulo de sujeción del arnés elástico en su punto fijo.

Número 49
Realización del ejercicio con la mano no dominante.

Número 50
El extremo del arnés fijo, estará sujeto por el compañero, generando incertidumbre.

Número 51
Añadir más de un estímulo (p.ej. dos pelotas lanzadas a la vez).

Número 52
Introducción de la pala de pádel para devolver la pelota de pádel o botar la misma.

Número 53
Introducción de inestabilidad en la realización del ejercicio (pata coja, almohadilla hinchable, bosu, plataforma inestable, disco de inestabilidad).

DESARROLLO DE LA COORDINACIÓN ÓCULO-MANUAL

Material utilizado: pelotas de pádel y material inestable.

Series recomendadas: 3 series.

Repeticiones recomendadas: 20 golpeos.

Recuperación entre series: 2' de recuperación activa relacionada con CORE (trabajo lumbo-abdominal).

EJERCICIO PRINCIPAL O BASE

Número 54
El alumno se posicionará próximo a la pared de fondo esperando que el entrenador le lance bolas con bote en la misma. Cada una de estas tendrá que ir tocando el sujeto con la mano una vez reboten.

VARIANTES DE EJERCICIOS

Número 55
Introducción de inestabilidad en la realización del ejercicio (pata coja, almohadilla hinchable, bosu, plataforma inestable, disco de inestabilidad).

Número 56
Introducción de la pala de pádel, realizando de esta manera, todos los movimientos requeridos utilizando la misma, con el fin de buscar una mayor transferencia al deporte.

Número 57
Alterar el orden de lanzamiento de las pelotas, creando incertidumbre (2 a la vez, 2 consecutivas al mismo lado).

DESARROLLO DE LA COORDINACIÓN ÓCULO-PÉDICA

Material utilizado: theraband, pelotas de pádel y material inestable.

Series recomendadas: 3 series.

Repeticiones recomendadas: 10 golpeos

Recuperación entre series: 2' de recuperación activa relacionada con CORE (trabajo lumbo-abdominal).

EJERCICIO PRINCIPAL O BASE

Número 58
El alumno realizará diferentes desplazamientos con las piernas unidas por unas bandas elásticas.

VARIANTES DE EJERCICIOS

Número 59
Fijar un número de pasos hasta el golpeo.

Número 60
Bloquear uno de los pies.

Número 61
Delimitar el recorrido hasta el golpeo con aros, conos o escalera de coordinación.

Número 62
Añadir aperturas con la resistencia elástica para generar inestabilidad en los apoyos.

DESARROLLO DE LA COORDINACIÓN ÓCULO-PÉDICA

Material utilizado: marcas de plástico de diferentes colores, pelotas de pádel y material inestable.

Series recomendadas: 3 series.

Repeticiones recomendadas: 20 golpeos.

Recuperación entre series: 2' de recuperación activa relacionada con CORE (trabajo lumbo-abdominal).

EJERCICIO PRINCIPAL O BASE

Número 63
El alumno seguirá un recorrido establecido previamente, mediante una secuencia de colores que habrán puestos en el suelo, finalizando en golpeo indicado por el entrenador.

VARIANTES DE EJERCICIOS

Número 64
Realizar solo un apoyo en cada marca.

Número 65
Introducir golpeo en cada una de las marcas.

Número 66
Introducir un ejercicio distinto en cada marca (flexiones, abdominales, semi-squat).

Número 67
Modificar los desplazamientos entre marcas (skipping, elevación de talones al glúteo, lateral, cruzando piernas...).

Número 68
Introducción de inestabilidad en la realización de los apoyos en las diferentes marcas (pata coja, almohadilla hinchable, bosu, plataforma inestable, disco de inestabilidad).

DESARROLLO DE LA COORDINACIÓN ÓCULO-PÉDICA

Material utilizado: conos, picas, pelotas de pádel y material inestable.

Series recomendadas: 3 series.

Repeticiones recomendadas: 10 golpeos.

Recuperación entre series: 3' de descanso.

EJERCICIO PRINCIPAL O BASE

Número 69
El alumno tendrá que pasar vallas, formadas con picas y conos, con desplazamiento lateral de un lado a otro de la pista, finalizando con golpeo.

VARIANTES DE EJERCICIOS

Número 70
Modificar los desplazamientos entre marcas (skipping, elevación de talones al glúteo, lateral, cruzando piernas...).

Número 71
Introducción de inestabilidad en la realización de los apoyos en los golpeos (pata coja, almohadilla hinchable, bosu, plataforma inestable, disco de inestabilidad).

DESARROLLO DE LA COORDINACIÓN ÓCULO-PÉDICA

Material utilizado: escalera de coordinación, cuerdas, pelotas de pádel y material inestable.

Series recomendadas: 3 series.

Repeticiones recomendadas: 5 ida/vuelta en la escalera.

Recuperación entre series: 3' de descanso.

EJERCICIO PRINCIPAL O BASE

Número 72
El alumno realizará apoyos dentro y fuera de la escalera de coordinación, en su defecto se pueden utilizar cuerdas o marcas de goma para establecer el recorrido a seguir.

VARIANTES DE EJERCICIOS

Número 73
Entrar-Entrar-Salir-Salir-...

Número 74
Entrar-Salir-... (pies juntos).

Número 75
Entrar-Salir-... (pata coja).

Número 76
Intercambio con pliometría (saltos).

Número 77
Posibilidad de introducir ejercicios entre apoyos (semi-squat, lunch, split...).

Número 78
Introducción de la pala de pádel, realizando de esta manera, todos los movimientos requeridos utilizando la misma, con el fin de buscar una mayor transferencia al deporte.

Número 79
Introducción de la devolución de una pelota con la pala durante los desplazamientos.

DESARROLLO DE LA COORDINACIÓN ÓCULO-PÉDICA

Material utilizado: escalera de coordinación, cuerdas, pelotas de pádel y material inestable.

Series recomendadas: 3 series.

Repeticiones recomendadas: 5 ida/vuelta en la escalera.

Recuperación entre series: 3' de descanso.

EJERCICIO PRINCIPAL O BASE

Número 80
El alumno realizará apoyos de forma lateral en la escalera de coordinación, en su defecto se pueden utilizar cuerdas o marcas de goma para establecer el recorrido a seguir.

VARIANTES DE EJERCICIOS

Número 81
Skipping lateral.

Número 82
Desplazamiento lateral con 2 apoyos encada espacio.

Número 83
Cambio con salto entre espacios.

Número 84
Pies juntos.

Número 85
Pata coja.

Número 86
Introducción de la pala de pádel, realizando de esta manera, todos los movimientos requeridos utilizando la misma, con el fin de buscar una mayor transferencia al deporte.

Número 87
Introducción de la devolución de una pelotá con la pala durante los desplazamientos.

DESARROLLO DE LA COORDINACIÓN ÓCULO-PÉDICA

Material utilizado: escalera de coordinación, cuerdas, pelotas de pádel y material inestable.

Series recomendadas: 3 series.

Repeticiones recomendadas: 5 ida/vuelta en la escalera.

Recuperación entre series: 3' de descanso.

EJERCICIO PRINCIPAL O BASE

Número 88

El alumno realizará apoyos de forma frontal en la escalera de coordinación, en su defecto se pueden utilizar cuerdas o marcas de goma para establecer el recorrido a seguir.

VARIANTES DE EJERCICIOS

Número 89
Pies juntos.

Número 90
Avanzar 2 espacios y retroceder 1

Número 91
Desplazamientos laterales avanzando de forma frontal, 2 apoyos en cada lado y dentro de la escalera.

Número 92
Skipping (variando número de apoyos por espacio).

Número 93
Abriendo y cerrando piernas (apoyos dentro y fuera de la escalera).

Número 94
Introducción de la pala de pádel, realizando de esta manera, todos los movimientos requeridos utilizando la misma, con el fin de buscar una mayor transferencia al deporte.

Número 95
Introducción de la devolución de una pelota con la pala durante los desplazamientos.

DESARROLLO DE LA COORDINACIÓN ÓCULO-PÉDICA

Material utilizado: vallas de iniciación, pelotas de pádel y material inestable.

Series recomendadas: 3 series.

Repeticiones recomendadas: 4 vueltas.

Recuperación entre series: 2' de recuperación activa relacionada con CORE (trabajo lumbo-abdominal).

EJERCICIO PRINCIPAL O BASE

Número 96
Se colocarán 4 vallas, compuestas por conos y picas, en forma de cuadrado. El alumno saltará hacia cada lado por encima de las mismas pasando siempre por el centro.

VARIANTES DE EJERCICIOS

Número 97
Pasan los 2 pies la valla, pero solo vuelve 1 al centro.

Número 98
Introducción de inestabilidad en la realización del ejercicio (pata coja).

Número 99
Cada vez que se vuelve al centro del cuadrado se devuelve una pelota con la mano.

Número 100
Modificación de las dimensiones de la pelota o balón medicinal.

Número 101
Introducción de la pala de pádel, realizando de esta manera, todos los movimientos requeridos utilizando la misma, con el fin de buscar una mayor transferencia al deporte.

DESARROLLO DE LA COORDINACIÓN ÓCULO-PÉDICA

Material utilizado: conos, picas, pelotas de pádel y material inestable.

Series recomendadas: 3 series.

Repeticiones recomendadas: 5 ida/vuelta.

Recuperación entre series: 3' de descanso.

EJERCICIO PRINCIPAL O BASE

Número 102
El alumno realizará una serie de desplazamientos utilizando vallas, compuestas por conos y picas.

VARIANTES DE EJERCICIOS

Número 103
Desplazamiento lateral pasando las vallas (pies juntos, pata coja, lateral con pies separados, skipping, elevación de talones al glúteo...)

Número 104
Desplazamiento frontal pasando las vallas (pies juntos, pata coja, lateral con pies separados, skipping, elevación de talones al glúteo, alternando pies en los apoyos...)

Número 105
Desplazamiento con salto y giro.

Número 106
Devolución de una pelota en cada apoyo o al final del recorrido.

Número 107
Modificación de las dimensiones de la pelota o balón medicinal.

Número 108
Introducción de la pala de pádel, realizando de esta manera, todos los movimientos requeridos utilizando la misma, con el fin de buscar una mayor transferencia al deporte.

DESARROLLO DE LA COORDINACIÓN ÓCULO-MANUAL Y ÓCULO-PÉDICA
Material utilizado: cintas elásticas, pelotas de pádel y material inestable.
Series recomendadas: 3 series.
Repeticiones recomendadas: 20 golpeos o devoluciones.
Recuperación entre series: 3' de descanso.

EJERCICIO PRINCIPAL O BASE

Número 109
El alumno realizará una serie de devoluciones con móvil mediante desplazamientos a lo largo de un recorrido indicado por cintas elásticas atadas de forma diagonal a lo ancho y largo de la pista de pádel.

VARIANTES DE EJERCICIOS

Número 110
Modificación de las dimensiones del móvil a devolver.

Número 111
Introducción de inestabilidad en la realización de los apoyos en las diferentes marcas (pata coja, almohadilla hinchable, bosu, plataforma inestable, disco de inestabilidad).

Número 112
Establecer un número determinado de pasos entre devolución y devolución.

Número 113
Marcar los puntos de apoyo para las devoluciones (aros, cuerdas, ladrillos, marcas de goma).

Número 114
Introducción de la pala de pádel, realizando de esta manera, todos los movimientos requeridos utilizando la misma, con el fin de buscar una mayor transferencia al deporte.

DESARROLLO DE LA COORDINACIÓN ÓCULO-MANUAL Y ÓCULO-PÉDICA

Material utilizado: theraband, pelotas de pádel y material inestable.

Series recomendadas: 3 series.

Repeticiones recomendadas: 20 desplazamientos o golpeos.

Recuperación entre series: 2' de recuperación activa relacionada con CORE (trabajo lumbo-abdominal).

EJERCICIO PRINCIPAL O BASE

Número 115
El alumno llevará las piernas atadas con una banda elástica o teraband. Realizará desplazamientos sin destensarla.

VARIANTES DE EJERCICIOS

Número 116
Introducir la devolución de un móvil en cada uno de los apoyos.

Número 117
Marcar los puntos de apoyo para las devoluciones (aros, cuerdas, ladrillos, marcas de goma).

Número 118
Establecer un número determinado de pasos entre devolución y devolución.

Número 119
Modificar los diferentes tipos de desplazamientos con banda elástica (skipping, bajando el centro de gravedad...)

Número 120
Introducción de la pala de pádel, realizando de esta manera, todos los movimientos requeridos utilizando la misma, con el fin de buscar una mayor transferencia al deporte.

DESARROLLO DE LA COORDINACIÓN ÓCULO-MANUAL Y ÓCULO-PÉDICA
Material utilizado: conos redondos, pelotas de pádel y material inestable.
Series recomendadas: 3 series.
Repeticiones recomendadas: 6 vueltas.
Recuperación entre series: 3' de descanso.

EJERCICIO PRINCIPAL O BASE

Número 121
El alumno realizará desplazamientos o apoyos utilizando un triángulo formado por 3 conos redondos.

VARIANTES DE EJERCICIOS

Número 122
Introducir una sentadilla en el centro del cuadrado y un lunch delante y detrás.

Número 123
Introducir inestabilidad en el centro del cuadrado (pata coja, almohadilla hinchable, bosu, plataforma inestable, disco de inestabilidad).

Número 124
Devolución de móvil en el centro del cuadrado o apoyos diversos, de diferentes dimensiones.

Número 125
Introducción de la pala de pádel, realizando de esta manera, todos los movimientos requeridos utilizando la misma, con el fin de buscar una mayor transferencia al deporte.

DESARROLLO DE LA COORDINACIÓN ÓCULO-MANUAL Y ÓCULO-PÉDICA

Material utilizado: aros, pelotas de pádel y material inestable.

Series recomendadas: 3 series.

Repeticiones recomendadas: 10 repeticiones.

Recuperación entre series: 2' de recuperación activa relacionada con CORE (trabajo lumbo-abdominal) / 3' de descanso.

EJERCICIO PRINCIPAL O BASE

Número 126
El alumno se desplazará hacia una bola corta lanzada por el entrenador con previos apoyos coordinativos utilizando un aro de plástico.

VARIANTES DE EJERCICIOS

Número 127
Variación de diferentes apoyos en el aro, aumentando la dificultad.

Número 128
Realización del ejercicio con y sin pala, introduciendo móviles de diferentes dimensiones.

Número 129
Introducir inestabilidad en el apoyo de devolución o golpeo (pata coja, almohadilla hinchable, bosu, plataforma inestable, disco de inestabilidad).

Número 130
Variar la relación entre la velocidad de lanzamiento de pelotas cortas y la recuperación con apoyos coordinativos, aumentando la velocidad de ejecución, centrando el ejercicio en agilidad.

DESARROLLO DE LA COORDINACIÓN ÓCULO-PÉDICA

Material utilizado: cartulina o panel, pelotas de pádel y material inestable.

Series recomendadas: 3 series.

Repeticiones recomendadas: 10 repeticiones.

Recuperación entre series: 1' de recuperación activa relacionada con CORE (trabajo lumbo-abdominal).

EJERCICIO PRINCIPAL O BASE

Número 131
Se colocará una cartulina con diferentes números en la pared lateral. El alumno tocará estos con la mano o con lanzamiento de algún móvil, siguiendo las pautas que le irá dando el entrenador.

VARIANTES DE EJERCICIOS

Número 132
Introducir el lanzamiento de pelota a los diferentes números en vez de tocar con la mano.

Número 133
Añadir cada vez más números a la secuencia.

Número 134
Alternar con la mano no dominante.

Número 135
Introducir inestabilidad en el apoyo de lanzamiento (pata coja, almohadilla hinchable, bosu, plataforma inestable, disco de inestabilidad).

Número 136
Introducción de la pala de pádel, realizando de esta manera, todos los movimientos requeridos utilizando la misma, con el fin de buscar una mayor transferencia al deporte.

DESARROLLO DE LA COORDINACIÓN ÓCULO-PÉDICA

Material utilizado: picas, bases para picas, pelotas de pádel y material inestable.

Series recomendadas: 3 series.

Repeticiones recomendadas: 30 pases.

Recuperación entre series: 2' de recuperación activa relacionada con CORE (trabajo lumbo-abdominal).

EJERCICIO PRINCIPAL O BASE

Número 137
El alumno se enfrentará con un compañero con una valla formada por dos picas verticales y otra horizontal. El 1º llevará una pelota en cada mano que irá moviendo constantemente, mientras que el 2º tendrá que ir tocando con ambas manos las pelotas que mueve el anterior.

VARIANTES DE EJERCICIOS

Número 138
Modificar las dimensiones de los balones o pelotas que se desplazan.

Número 139
Realizar pases por encima y por debajo de la valla sin previa secuenciación, dejando a los alumnos generar incertidumbre el uno al otro.

Número 140
Introducir inestabilidad en los apoyos (pata coja, almohadilla hinchable, bosu, plataforma inestable, disco de inestabilidad).

Número 141
Limitar el número de pases y la forma de realizarlos.

Número 142
Introducción de la pala de pádel, realizando de esta manera, todos los movimientos requeridos utilizando la misma, con el fin de buscar una mayor transferencia al deporte.

DESARROLLO DEL EQUILIBRIO

Material utilizado: bosu, un par de zancos y 2 bancos suecos.

Series recomendadas: 3 series.

Repeticiones recomendadas: 10-15 repeticiones.

Recuperación entre series: 2' de recuperación activa relacionada con CORE (trabajo lumbo-abdominal).

EJERCICIO PRINCIPAL O BASE

Número 143
El alumno, encima del bosu, realizará diferentes gestos de los golpeos, sólo con la pala de pádel.

VARIANTES DE EJERCICIOS

Número 144
Igual, pero ahora sí que recibe una pelota desde el campo contrario. Deberá golpearla sin perder el equilibrio.

Número 145
Igual, pero a pata coja (primero con la derecha y después con la izquierda).

Número 146
Igual, pero ahora el alumno estará subido en un banco sueco, lo que le permite algo de desplazamiento lateral para golpear la pelota.

Número 147
Igual, pero ahora el alumno lleva un par de zancos de psicomotricidad en los pies.

DESARROLLO DEL EQUILIBRIO

Material utilizado: música y pala de pádel.

Series recomendadas: 2 series.

Repeticiones recomendadas: 10 repeticiones.

Recuperación entre series: 2' de recuperación activa relacionada con CORE (trabajo lumbo-abdominal).

EJERCICIO PRINCIPAL O BASE

Número 148
A ritmo de la música, el alumno, a pata coja, brazos en cruz y pierna estirada hacia atrás, mantiene el equilibrio con la pala de pádel cogida en una mano.

VARIANTES DE EJERCICIOS

Número 149
Igual, pero ahora además de mantener la postura, flexionaremos la rodilla de la pierna en la cual se apoya en cuerpo y haremos subidas y bajadas, sin perder el equilibrio, y con el agarre óptimo de la pala. Lo mismo con la otra pierna.

Número 150
Igual, pero la pierna que no está apoyada en el suelo sube y baja en flexión, en coordinación con los brazos, como si realizara el gesto técnico del skiping, subiendo la rodilla al pecho, y manteniendo el agarre óptimo de la pala. Lo mismo con la otra pierna.

BIBLIOGRAFÍA

✓ Apuntes XI, cursos de verano UNED. Psicología y rendimiento deportivo: concepto y estrategias, julio 2000.

✓ Apuntes temario especialista universitario en psicología de la actividad física y deporte, UNED, Facultad de Psicología, curso académico 2000-2001

✓ Apuntes temario experto universitario en entrenamiento deportivo, UNED, Facultad de Psicología, curso académico 1999-2000.

✓ AA.VV. (1985). La Educación Física en las Escuelas Universitarias. Barcelona: Paidotribo.

✓ AA.VV. (2007). 100 Ejercicios y juegos de coordinación óculo-motriz para niños de 10 a 12 años. Sevilla: Wanceulen.

✓ AA.VV. (2007). Iniciación a los deportes de raqueta. Barcelona: Paidotribo.

✓ AA.VV. (2013). Tenis, ejercicios progresivos para el desarrollar tu juego. Barcelona: Paidotribo.

✓ AGUADO, X. (1989). Eficacia y técnica deportiva. Barcelona: Inde.

✓ ÁLVAREZ, C. (1987). La preparación física del fútbol basada en el atletismo. Madrid: Gymnos.

✓ BANDURA, A. (1982). Teoría del aprendizaje social. Madrid: Espasa-Calpe.

✓ BERNAL, J. A. (2002). Juegos y ejercicios de equilibrio. Sevilla: Wanceulen.

✓ BLASQUEZ, D. y ORTEGA, E. (1982). La actividad motriz en el niño. Madrid: Cincel.

✓ BLÁZQUEZ, D. (1999). Evaluar en educación física. Barcelona: Inde.

✓ BULATOVA, M. y PLATANOV, V. A. (2016). La preparación física. Barcelona: Paidotribo.

✓ CAÑIZARES, J. M. (1993). 400 Ejercicios y Juegos con conos. Sevilla: Wanceulen.

✓ CASTAÑER, M. y CAMERINO, O. (1998). Fundamentos de educación física para la enseñanza primaria. Barcelona: Inde.

✓ COHEN, R. A. (2013). Tenis, aprender y progresar. Barcelona: Paidotribo.

✓ DELAVIER, F. (2001). Guía de los movimientos de musculación. Barcelona: Paidotribo.

✓ DEL FREO, A. (2010). 1500 ejerccicios para el desarrollo de la técnica, la rapidez y el ritmo en el tenis. Barcelona: Paidotribo.

✓ DÍAZ, J. (1999). La enseñanza y aprendizaje de las habilidades y destrezas motrices básicas. Barcelona: Inde.

✓ Dorochenko, Paul (2009). El ojo director

✓ FAMOSE, J. P. (1992). Apprentissage moteur et difficultè de la tâche. París: INSEP (versión en castellano 1992, Aprendizaje motor y dificultad de la tarea, Paidotribo, Barcelona).

✓ FORT, A., y ROMERO, D. (2013). Rol del sistema sensoriomotor en la estabilidad articular durante las actividades deportivas. Apunts: Medicina del deporte, 48(178), 69-76.

✓ GARCÍA, N., MARTÍNEZ, A. y TABUENCA, A. (2010). Tonificación muscular, teoría y práctica. Barcelona: Paidotribo.

✓ GONZÁLEZ, E. (1999). Educación Física en Primaria. Fundamentación y desarrollo curricular. Barcelona: Paidotribo.

✓ HODGES, P., CHOLEWICKI, J. y VAN DIEEN, J. (2013). Spinal Control: The rehabilitation of back pain. USA: Churchill Livingstone.

✓ KNAPP, B. (1981). La habilidad en el deporte. Valladolid: Miñón.

✓ KONISHI, Y. (2013). Tactile stimulation with kinesiology tape alleviates muscle weakness attributable to attenuation of Ia afferents. Journal Science Medicine Sport, 16(1), 45-48.

✓ LE BOULCH, J. (1971). Hacia una ciencia del movimiento humano. Buenos Aires: Paidós.

✓ LE BOULCH, J. (1972). La educación por el movimiento en la edad escolar. Buenos Aires: Paidos.

✓ LE BOULCH, J. (1973). Educación psicomotriz y actividades físicas. Barcelona: Científico-Medica.

✓ LE BOULCH, J. (1992). Hacia una ciencia del movimiento humano. Barcelona: Paidós.

✓ LE BOULCH, J. (1995). El desarrollo psicomotor desde el nacimiento a los 6 años. Consecuencias educativas. Barcelona: Paidós.

✓ MARTÍNEZ, E. J., ZAGALAZ, M. L. y LINARES, D. (2003). Las pruebas de aptitud física en la evaluación de la condición física de la E.S.O. Apuntes, 71, 26-36.

✓ MOSSTON, M. (1968). Gimnasia dinámica. México: Pax-México.

✓ NAVARRO, S. (2014). Fundamentos del pádel. Los secretos de un entrenamiento eficaz para deportistas. Barcelona: Paidotribo.

✓ OÑA, A. (1987). Desarrollo y motricidad. Granada: INEF Granada.

✓ PÉREZ, A. (2009). Factor tiempo en el gesto deportivo. Revista Digital Buenos Aires, 138, 48-62.

✓ PRIVMBOOM, L. y VAN DAM, B. (1993). La necesidad del entrenamiento de la contralateralidad. Revista de Entrenamiento Deportivo, 11, 57-67.

✓ REAL FEDERACIÓN ESPAÑOLA DE FÚTBOL (1.999). Teoría y práctica del entrenamiento deportivo. Curso nivel 1. Instructor de fútbol base.

Técnico deportivo elemental. Madrid: Sarabia.

✓ RIGAL, R. (1987). Motricidad Humana. Madrid: Pila Teleña.

✓ ROCA, J. (1983). Desarrollo motriz y psicología. Barcelona: INEF Barcelona.

✓ RUIZ, L. M. (1987). Desarrollo motor y actividades físicas. Madrid: Gymnos.

✓ RUIZ, L. M. (1990). Educación física-Educación primaria-primer ciclo. Madrid: Gymnos.

✓ RUIZ, L. M. (1994). Deporte y aprendizaje. Madrid: Visor.

✓ SANCHEZ, F. (1984). Didáctica de la Educación Física y el Deporte. Madrid: Gymnos.

✓ SANZ, D. (2014). Tenis en la escuela. Barcelona: Paidotribo.

✓ SCHREINER, P. (2008). Entrenamiento de la coordinación en el fútbol. Barcelona: Paidotribo.

✓ SEIRUL·LO, F. (1998). Planificación a largo plazo en los deportes colectivos. Curso sobre Entrenamiento Deportivo en la Infancia y la Adolescencia. Canarias: Dirección General de Deportes del Gobierno de Canarias

✓ SINGER, R. (1986). El aprendizaje de las acciones motrices en el deporte. Barcelona: Hispano-Europea.

✓ VASCONCELLOS, A. (2005). Planificación y organización del entrenamiento. Barcelona: Paidotribo.

✓ VILA, C. (2004). Fundamentos prácticos de la preparación física. Barcelona: Paidotribo.

✓ VILA, C. (2015). Tenis, preparación física total. Barcelona: Paidotribo.

✓ WICKSTRON, R. L. (1983). Patrones motores básicos. Madrid: Alianza.

AUTORES

PAUL DOROCHENKO

Paul Dorochenko, francés, osteópata D.O., licenciado en fisioterapeuta del deporte y diplomado de la universidad de Burdeos en preparación física, fue uno de los primeros preparadores físicos del circuito profesional de Tenis en los años 85. Su particular multidisciplinaria y perfecto conocimiento del deporte de élite le han permitido convertirse en un verdadero especialista en prevención de lesiones y retorno a la alta competición.

Durante veinte años en el circuito profesional ATP, Paul Dorochenko ha trabajado con doce jugadores Top10 entre los que destacan Roger Federer, Sergi Bruguera, Carlos Moya, Sara Errani y más de veinte jugadores Top 50. Preparador físico de numerosos jugadores internacionales en deportes colectivos, se retiró a los 59 años del circuito profesional de tenis para trabajar en el futbol profesional y en particular con porteros de nivel internacional, por su aportación a la reprogramación neuromotriz y la visión dinámica.

Experimentado en el asociacionismo y autor de numerosas publicaciones, especialmente sobre la electroneuroestimulación y la lateralidad, autor del "ojo director" libro de éxito en el mundo del tenis, golf y baloncesto, Paul Dorochenko se dedica desde noviembre de 2015 a la validación científica de un novedoso concepto de reprogramación neuromotriz, Allyane, con ortopedistas y neurólogos de varios hospitales de Lyon (Francia) compartiendo su tiempo entre Valencia y Lyon.

SERGIO NAVARRO

- ➢ Seleccionador Nacional de la República Dominicana
- ➢ Entrenador Nacional de la República Dominicana
- ➢ Monitor Nacional por la Federación Española de Pádel
- ➢ Diplomado en Magisterio de Educación Física
- ➢ Autor del libro Fundamentos del Pádel, Editorial Paidotribo

- Entrenador de jugadores/as del Circuito Nacional de Pádel en España.
- Director de diversas escuelas de Pádel en España
- Coaching de jugadores/as profesionales.
- Experto Universitario en Entrenamiento Deportivo por la UNED
- Especialista Universitario en Psicología de la Actividad Física y del Deporte por la UNED
- Curso de Psicología y Rendimiento Deportivo: conceptos y estrategias por la UNED
- Cofundador de la ASOCIACIÓN ESPAÑOLA DE BIOMECÁNICA.

IRENE MOYA

- Diplomada en Magisterio, especialista en Educación Física por la Escuela Universitaria de Formación del Profesorado Edetania.
- Licenciada en Ciencias de la Actividad Física y del Deporte por la Universidad Católica de Valencia.
- Titulada en el Máster Universitario en Formación en la Investigación Universitaria por la Universidad Católica de Valencia.
- Funcionaria de carrera desde el 2002. Actualmente es docente en el CEIP L'Almassil (Mislata, Valencia) y profesora asociada en la Facultad de Magisterio de la Universidad de Valencia".

DANIEL PÉREZ

- Licenciado en Ciencias de la Actividad Física y el Deporte en la Universidad de Valencia.
- Diplomado en Magisterio de Educación Física por la Escuela Universitaria de Magisterio EDETANIA. (Actual Universidad Católica de Valencia San Vicente Mártir).
- Especialista Universitario en Psicología de la Actividad Física y del Deporte.
- Experto universitario en Entrenamiento Deportivo por la UNED
- Formador de los cursos Monitores de pádel en la asignatura preparación física de la Federación Dominicana de Pádel

JOSE MANUEL MUÑOZ

- ➢ Licenciado en Ciencias de la Educación Física y el Deporte
- ➢ Diplomado en Magisterio de Educación Física
- ➢ Entrenador Nacioanal por la Federación Dominicana de Pádel
- ➢ Monitor Nacional de Pádel por la Federación Española de Pádel
- ➢ Seleccionador Nacional de Menores de la Federación Dominicana de Pádel
- ➢ Máster Universitario en Deporte de Alto Rendimiento por la Universidad de Valencia
- ➢ Autor del libro Fundamentos del Pádel, Editorial Paidortribo 2014.

MIGUEL PÉREZ BONÍAS

- ➢ Licenciado en Ciencias de la Actividad Física y el Deporte
- ➢ Diplomado en Educación Física
- ➢ Máster en Rendimiento de Deportes de Equipo, por el FC. Barcelona y el INEF de Barcelona
- ➢ Título de Introduction del grupo ERA (Resistance Institute: Biomechanics and research)
- ➢ Preparador Físico de equipos de fútbol, tanto a nivel nacional como internacional. Actualmente se encuentra en la disciplina de la Agrupación Deportiva Alcorcón.
- ➢ Perteneciente a los preparadores físicos de la Federación Dominicana de Pádel.